イメージでわかる！日本語の助詞

Understanding Japanese Particles from Their Image
通过印象去理解！日语的助词
Trợ từ tiếng Nhật. Nhìn hình là hiểu!

家田章子・中村かおり 著

ask

アニメーションを見る方法

アニメーションを見る方法は2つあります。

❶ QRコード

紙面のQRコードを読み取ると、アニメーションを見ることができます。

Animations can be accessed via QR code.
读取二维码，可观看动画视频。
Bạn có thể xem hoạt hình khi quét mã QR.

❷ HP

アスク出版のHPから見ることができます。

Animations can be viewed on the Ask Publishing website.
可以从ASK出版社的网站看到动画。
Có thể xem animation trên HP của NXB ASK.

https://www.ask-books.com/jp/joshi

はじめに

　日本語の助詞は、初級の学習者だけでなく、中上級の学習者でも習得が難しいと感じる項目の一つです。助詞の学習にはそれなりに時間や労力をかけているのに、学習者の誤用を見ていると、あてずっぽうで選んだと思われるようなものもあり、日本語ネイティブの持つ感覚からはかけ離れたものも多くあります。そこで私たちは、ネイティブが持っている助詞のイメージを学習者に伝えることで助詞の習得を助けることができるのではないかと考え、このテキストを作成しました。

　第1章では、学習者が実際によく間違えるものを中心にペアにして取り上げ、基本的なイメージをつかむことで、その違いを理解できるようにしました。日本語ネイティブの頭の中にあるイメージをイラストやアニメーションでつかめるよう、それぞれの場面がどんなイメージか、想像しながら楽しく学んでください。

　第2章ではイメージを広げて助詞のいろいろな用法を理解するため、イメージ図とともに示しました。第3章はこのテキストで扱った助詞の練習問題になっています。

　授業の中のちょっとした時間で扱っていただくこともできますし、初級の助詞を一通り学んだ学習者であれば、独学で学ぶことも可能です。また、学ぶ順番はどこからでも構いません。気になった助詞のページを開いて学習してみてください。

　このテキストの学習を通して、助詞に対する苦手意識が少しでも減り、自分が表現したいことをイメージ通りに表現できるようになってほしいと願っています。

　最後に、このテキストを作成するにあたり協力してくださった麗澤大学および拓殖大学の留学生別科の学生の皆さん、パイロット版教材の開発に関わってくださった中西和さん、鈴木未恵さん、研究助成をしてくださった麗澤大学、桜美林大学に御礼を申し上げます。

　また、このテキストの企画・編集・構成などをご担当くださり、さまざまなご助言をくださったアスク出版の秦野由衣さんに心から感謝いたします。

2022年12月
家田章子・中村かおり

目次
もくじ

はじめに ……………………………………………… 3

前章
ぜんしょう ……………………………………………… 6

助詞が変わるとイメージが変わる!? …………………… 6
じょし か か
本書の使い方（学習者の方へ）………………………… 8
ほんしょ つか かた がくしゅうしゃ かた
本書の使い方（この本をお使いになる先生へ）……… 12
ほんしょ つか かた ほん つか せんせい
「が」と「は」は仲間じゃない!? ……………………… 14
なかま

第1章 くらべてわかる 助詞のイメージ
だい しょう じょし ……………………………………… 17

1. は & が ……………………………………………… 18
2. が & を ……………………………………………… 22
3. に & で ……………………………………………… 26
4. で & を ……………………………………………… 30
5. を & に ……………………………………………… 34
6. まで & に …………………………………………… 38
7. から & を …………………………………………… 42
8. へ & に ……………………………………………… 46
9. から & に …………………………………………… 50
10. と & に ……………………………………………… 54

第2章 イメージを広げて使える 助詞のイメージ　59

1. で
   [範囲／原因／手段／材料] ……… 60

2. の
   [関係／同じであること] ……… 64

3. を
   [時間の経過] ……… 66

4. に
   [変化した結果／分母／目的／当てはめる対象] ……… 67

5. から
   [原料／判断の根拠／遠い原因] ……… 71

6. より
   [比べる基準] ……… 74

7. と
   [2つ以上のものを並べる／基準／引用] ……… 75

8. や
   [例] ……… 78

第3章 確認しよう 助詞の使い分け　79

総合練習問題
第1回／第2回／第3回／第4回 ……… 80

助詞が変わるとイメージが変わる!?

Just one particle is different, but it can result in a completely different meaning.
仅仅是一个助词的不同想要表达的内容就完全不同了。
Chỉ 1 trợ từ thay đổi thì đôi khi ý nghĩa hoàn toàn thay đổi.

電車に寝る?

1 Good morning. You look tired. ／早上好。你看上去没什么精神啊。／Chào buổi sáng. Cậu không khỏe nhỉ.

2 I always sleep on top of the train while coming here. ／我总是在有轨电车上方一路睡过来。／Lúc nào tớ cũng ngủ trên nóc tàu điện trên đường đến đây.

3 –

4 That can't be right. ／然而这种事是不可能发生的。／Không thể có chuyện đó.

「電車に寝る」のように「に」を使うと、電車の屋根の上にくっついて、じっとしている（寝ている）イメージになります。とても危ないです！「電車で寝る」のように「で」を使うと、電車の中でする動きを表します。助詞が1つ違うだけで、全く違う意味になることがあります。こんな助詞のイメージをいっしょに学んでいきましょう！

If you use the particle 'に' as in the phrase '電車に寝る', it gives the image of being attached to the top of the roof and not moving (sleeping). That's very dangerous! But if you use the particle 'で' as in '電車で寝る', it expresses an action performed inside the train.

例句"电车に寝る"使用了助词"に"，这会给人一种贴在有轨电的车顶上面一动不动（睡觉）的印象。这是非常危险的行为！如果用"电车で寝る"，也就是助词使用"で"的话，则表示是在有轨电车里睡觉。

Khi dùng "に" như trong "電車に寝る" thì sẽ tạo ra hình ảnh là bám trên nóc và im thin thít (ngủ). Rất nguy hiểm! Nếu dùng "で" như trong "電車で寝る" thì sẽ diễn đạt chuyển động trong tàu điện.

電車で寝る！

1 Good morning. You look tired. ／早上好。你看上去没什么精神啊。／Chào buổi sáng. Cậu không khỏe nhỉ.

2 I always sleep on the train while coming here. ／我总是在有轨电车里一路睡过来的。／Lúc nào tớ cũng ngủ trong tàu điện trên đường đến đây.

3 How long does it take? ／要花多久呢？／Mất khoảng bao lâu?

4 I'm tired every day because it takes one hour. ／要花一个小时，所以每天都很累。／Mất 1 tiếng nên ngày nào cũng mệt lắm.

本書の使い方（学習者の方へ）

このテキストは、初級で習う助詞のうち、格助詞（が・を・に・で・まで・から・へ・と・の・より・や）と「は」を取り上げました。助詞は、会話では省略されることも多いし、間違えても言いたいことは伝わるので、あまり重要ではないと感じている人もいるかもしれません。でも、日本語ネイティブの頭の中には、それぞれの助詞の持つイメージがあって、たった1文字違うだけで、全く違う意味になることがあります。ネイティブが持つそれぞれの助詞をイメージで覚えていくことで、文を書いたり話したりするときに、どの助詞が適切なのか迷わず選べるようになりましょう。

This textbook will examine the nominative particles and 'は' from amongst the particles learned at the beginner level. Some people might think particles are not very important because they are often omitted from conversational speeches, and you can convey what you want to say even if you use a wrong one. But to native Japanese speakers, each particle creates a different image in the mind, so just one different character can sometimes lead to a completely different meaning. By remembering the different image that each particle creates inside a native speaker's mind, you can aim to be able to select the appropriate particle without hesitating when writing and speaking.

第1章　基本的なイメージを比べながら助詞の使い方を考えましょう

▶ まず、例題で2つの助詞のうちどちらを入れるのが適切か考えてみましょう。

First, let's think which of the two particles is appropriate for an example.

例題　（　）に入るのは「で」と「を」、どちらですか。

❶ 川（　　）泳ぐ。　　❷ 川（　　）泳ぐ。

▶ 次に、2つの助詞が、それぞれどんなイメージなのか、イラストやアニメーションで確認しましょう。（アニメーションを見る方法はp.2を見てください。）

頭の中で助詞のイメージができたら、「確認問題」を解きましょう。解説もしっかり読んでください。🐾マークの言葉は、両方のグループに入ります。いつ使うか、どんなイメージか、説明を読んでください。

Next, check illustrations and animations to see what sort of image each particle has. (See page 2 for how to view the animation.) Once you have formed an image of the particle in your mind, answer the "Review Questions". Please carefully read the explanations, too. Words with 🐾 go in both groups. Read the description to find out when to use them and what images to use.

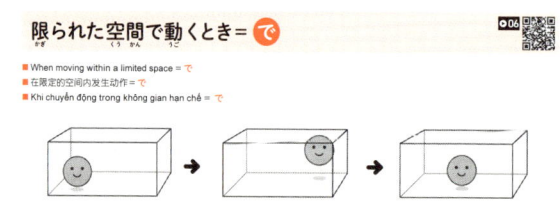

▶ 最後に、「練習問題」で仕上げです。場面を想像しながらどの助詞を入れるのが適切か考えてみましょう。練習問題の中には、複数の助詞が使えるものもあります。それぞれどんなイメージの違いがあるかを考えてみてください。別冊に答えと解説がありますので、それをよく読んで表現したい内容と合った助詞を選べるようになりましょう。

Finally, finish with the "Practice Questions". Imagine the situation and think which particle is appropriate to use. Several particles can be used in some of the practice questions. In that case, take your time to think what differences are there with the image for each particle. Carefully read the answers and explanations in the separate book to be able to select the particle that matches with what you want to express.

Q.1 （　）に入るのは「で」ですか、「を」ですか。

❶ トレーニングジム（　　）走る。　　❷ 道（　　）走る。

Q.2 次の動詞を「で」と「を」の2つのグループに分けてください。両方のグループに入る動詞もあります。

※言葉の意味をイメージして分けましょう。動詞と助詞の組み合わせは覚えません。

遊びます	歩きます	踊ります
渡ります	運動します	曲がります
通ります	騒ぎます	食べます

ここ で ～ます	ここ を ～ます
遊びます	

第2章　格助詞のいろいろな用法について、イラストや例文で確認しましょう

▶ それぞれの用法が理解できたら、「確認問題」をやってみましょう。別冊に答えと解説がありますので、自分の理解度を確認してください。

Try the "Review Questions" once you understand how each one is used. Check your level of understanding using the answers and explanations in the separate book.

 1週間 に 3回アルバイトをしています。

「1週間」の中に、アルバイトの日が「3回」あります。
- Within "one week", days I go to a part-time work are "three times".
- 在 "一周" 之内，打工的次数为 "3次"。
- Có "3 lần" là ngày làm thêm trong "1 tuần lễ".

第3章　総合練習問題で理解を確認しましょう

▶ 20問の助詞の問題が4回分あります。どのくらい正確に助詞を選べるようなりましたか。それぞれの助詞のイメージを思い浮かべながら解いてみてください。

There are four sets of 20 questions about particles. How many correct particles were you able to select? Try answering while thinking about the image each particle has.

この本での学習を通してみなさんが助詞のイメージをつかんで、自信を持って使えるようになることを願っています!!

We hope that, by using what you learn in this book, you will be able to understand the image of particles and use them with confidence.

本書の使い方（学習者の方へ）

本书从学习的初级阶段会接触到的助词中选取格助词（が、を、に、で、まで、から、へ、と、の、より、や）和"は"来进行讲解。在日常对话中，助词往往会被省略。即使用了错误的助词，想要传达的内容也基本可以传达给对方。因此有些学习者可能会觉得助词并不是很重要。但是对于日语母语者来讲，每个助词都有其所含有的印象。仅仅是一字之差，可能会使得整句话变成完全不同的意思。（→参考：助词的重要性）本书的目标是让学习者可以理解日语母语者对于各个助词的印象。这样在对话或是写作时，就不会迷茫选择哪个助词会比较合适了。

Sách giáo khoa này chọn ra các trợ từ cách (が／を／に／で／まで／から／へ／と／の／より／や) và "は" trong số các trợ từ học ở trình độ sơ cấp. Trợ từ thường được giản lược trong hội thoại, và dù có sai thì vẫn truyền tải được điều muốn nói, nên có thể có bạn nghĩ rằng chúng không quan trọng lắm. Tuy nhiên, trong suy nghĩ của người Nhật bản xứ thì từng trợ từ có một hình ảnh kèm với nó, chỉ cần sai một chữ thì ý nghĩa có thể hoàn toàn thay đổi. (→Tham khảo: về tầm quan trọng của trợ từ). Mục tiêu của chúng ta là có thể lựa chọn trợ từ phù hợp mà không bị rối khi viết văn hay trò chuyện, bằng cách nhớ từng trợ từ bằng hình ảnh mà người bản xứ có với nó.

第1章 基本的なイメージを比べながら助詞の使い方を考えましょう

▶ 首先，请思考一下例题中的 2 个助词中使用哪个助词会更合适。

Đầu tiên, chúng ta hãy cùng thử xem trợ từ thích hợp để đưa vào câu trong số 2 trợ từ ở ví dụ.

▶ 接着，请确认对应的插图或动画中展示的 2 个助词的印象。（观看动画的方法请参考第 2 页。）
当脑海中对助词的印象成型后，请解答"确认问题"，并认真阅读解说。🐾标记的语句属于两类群。请阅读说明，了解何时使用和何种印象。

Tiếp theo, chúng ta hãy cùng xác nhận bằng tranh minh họa hoặc bằng animation xem hai trợ từ sau có hình ảnh như thế nào.(Cách xem animation hãy tham khảo trang 2)
Sau khi các bạn hình dung được về trợ từ trong đầu rồi, hãy giải "Bài tập xác nhận". Các bạn hãy đọc kỹ phần giải thích. Những từ có đánh dấu 🐾 thuộc cả hai nhóm. Hãy đọc phần giải thích để hiểu nó được sử dụng khi nào, và có hình ảnh như thế nào.

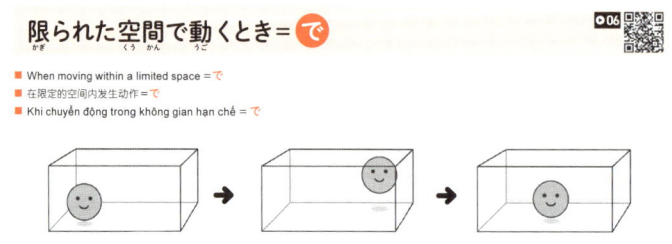

▶ 最后通过"练习问题"加深理解。在脑海中想象例句中的场景，并思考合适的助词。有些练习问题可以使用多个助词。请试着思考使用不同助词时所表达的内容的区别。问题的答案以及解说在附册中。请仔细阅读相关内容，学会如何选择最符合自己想要表达的内容的助词吧。

Cuối cùng, kết thúc bằng "bài tập luyện tập". Chúng ta hãy cùng thử tưởng tượng về tình huống và suy nghĩ xem trợ từ nào thích hợp để đưa vào câu. Trong bài tập luyện tập, cũng có câu có thể dùng nhiều trợ từ. Bạn hãy thử suy nghĩ xem từng hình ảnh có sự khác biệt thế nào. Khi bạn trả lời trong cuốn sách kèm theo, sẽ có đáp án phần giải thích, nên bạn hãy đọc kỹ nó và cố gắng để có thể chọn trợ từ hợp với nội dung bạn muốn diễn đạt.

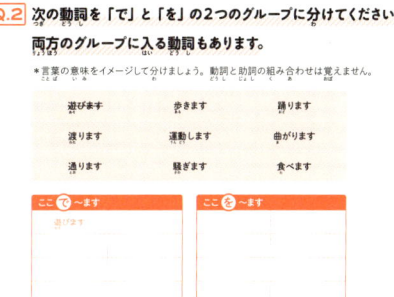

第2章 格助詞のいろいろな用法について、イラストや例文で確認しましょう

▶ 理解了每个助词的用法之后，请尝试解答"确认问题"。请参考附册确认问题的答案和解说，确认自己对于这些助词的理解程度。

Khi bạn đã hiểu từng cách sử dụng, hãy thử làm "bài tập kiểm tra". Nếu bạn trả lời trong cuốn sách kèm theo, sẽ có đáp án và phần giải thích, nên bạn hãy kiểm tra mức độ hiểu của mình.

  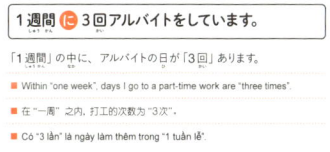

第3章 総合練習問題で理解を確認しましょう

▶ 一共准备了4组助词问题，每组包含20道问题。请在脑海中想象这些助词所表达的印象，并尝试回答问题。看看自己能够答对多少道问题吧。

Có 4 lần kiểm tra, mỗi lần gồm 20 bài tập về trợ từ. Bạn đã có thể chọn trợ từ đúng đến mức nào? Bạn hãy thử hình dung hình ảnh của từng trợ từ rồi giải bài tập.

通过学习本书的内容，可以帮助各位在脑海中形成对助词的印象。信心十足地去使用这些助词吧！！

Chúng tôi mong các bạn sẽ học bằng cuốn sách này, nắm bắt hình ảnh của trợ từ và có thể sử dụng một cách đầy tự tin!!

本書の使い方（この本をお使いになる先生へ）

●本書のねらい

　本書は、「ネイティブの持つ助詞の感覚をイメージとして学習者に伝える」ことを目指したテキストです。助詞は、初級の学習者だけでなく中上級になってもなかなか適切に運用できるようにならない、と感じることがよくあります。動詞や表現を一つずつ覚えるのではなく、イメージを覚えることで、学んだ助詞を運用する力を効率よく身につけられればと思います。本書で扱うイメージは、認知言語学などで扱われる手法に依拠したものではなく、学習者がイメージしやすいことを優先して作成しました。

●本書の構成と使い方

　「助詞が変わるとイメージが変わる!?（pp.6-7）」は、授業で助詞を扱った際に学習者が実際によく間違えた例を取り上げました。たった一文字違うだけでこんなに意味が違ってしまうということを伝えるだけなく、日本語ネイティブの頭の中にどんなイメージが広がるのかを知ってもらうことが目的です。日常の会話では、文脈などから言いたいことは分かることが多いので、学習者は助詞を間違えてもそれを指摘されることはほとんどなく、注意が払われなくなりがちです。でも、実際はネイティブの頭の中にはとんでもないイメージが浮かんでいるのだ、ということをぜひ、知ってもらいたいと思います。これをきっかけに、ネイティブのもつイメージを習得することの大切さや有用性に気づいていただけたらと思います。

　「「が」と「は」は仲間じゃない!?（pp.14-16）」では、助詞にはグループがあり、学習者が混同しがちな「が」と「は」は一緒のグループに属さないことを説明します。「は」は格助詞のグループには入っていないことを明示した上で、第1章以降で格助詞の学習を始めます。

　第1章は、「例題→確認問題→練習問題」の構成になっています。間違えやすい助詞を2つずつ取り上げ、それぞれがどんなイメージかを比べて理解を深めます。まず、例題を解いてみてどんな違いがあるのかを考え、アニメーションやイラストでイメージをしっかり作ります。（アニメーションの閲覧方法はp.2を見てください。）それから、イメージの定着のために確認問題に取り組みます。例えば、いくつかの動詞について、取り上げた2つの助詞のうちどちらと結びつきやすいかという問題では、丸暗記ではなく動詞の意味と助詞のイメージから解くよう

に導くのがポイントです。どちらの助詞とも結びつけられる場合は、それぞれどんなイメージになるのかをクラス内で話し合うようにすると、学習者の理解が深まるでしょう。最後に練習問題で仕上げをします。取り上げた2つの助詞のうちどちらを使うのが適切かを問う問題ですが、答え合わせの際は、なぜその答えになるのか、もういちど助詞のイメージを考えながら確認をしてみてください。

　第2章は、「例文→確認問題」の構成になっています。初級で学ぶ格助詞の様々な用法を取り上げています。学習者がそれぞれの用法をどの程度運用できるかによって、授業の進め方も変えてみてください。既習の用法で学習者がよく知っている場合は、イメージ図や例文のイラストでごく簡単に確認しましょう。未習、もしくは使い慣れていない場合は、イメージ図、例文のイラストでイメージを膨らませ、必要に応じて例文を追加するなどして用法の確認をしましょう。用法を正しく理解できたら、確認問題に取り組んでみてください。第2章の確認問題は、複数の助詞から適切なものを選ぶ問題になっています。ターゲットとなっている助詞以外の復習も兼ねて答えを確認しましょう。

　第1章、第2章ともにモジュール式の教材となっているので、どのような順番で学習しても同様の学習効果が期待できます。

　第3章の総合練習問題は、本書で扱った助詞をターゲットとした問題が20問×4回分あります。この練習問題は、1章、2章を学んだあとに取り組んでいただくこともできますし、本書で学び始める前に実力チェックとして使用し、本書の学習後に、助詞の理解度の伸びをみていただくこともできます。

　テキストの内容をどのように扱うかにより学習にかかる時間は異なりますが、想定している学習時間は第1章は1項目20分〜30分程度、第2章は1項目10分程度です。自習もできるようになっているので、クラスで一緒に学ぶのはもちろん、自習用の課題として出すこともできます。

助詞のお仕事

「が」と「は」は仲間じゃない!?

格助詞と係助詞の働きの違い

- Differences between how nominative particles and binding particles work
- 格助词和系助词的作用的区别
- Sự khác biệt về chức năng của trợ từ cách và trợ từ nối

「が」と「は」はどちらも助詞ですが、グループが違います。

グループA	
格助詞 Nominative particles／格助词／Trợ từ cách	が・を・で・に・へ・から まで・と・より・の etc.

名詞の後ろについて、その名詞の述語（例では「しました」）との関係を表します。

A nominative particle comes after a noun and expresses the relationship the noun has with the predicate ("did" in the example) which follows.

格助词接在名词后面，用来说明该名词和其谓语（比如"しました（已经做了）"）的关系。

Chúng được đặt sau danh từ, và diễn đạt mối quan hệ của danh từ với vị ngữ của danh từ đó (ở ví dụ là "しました").

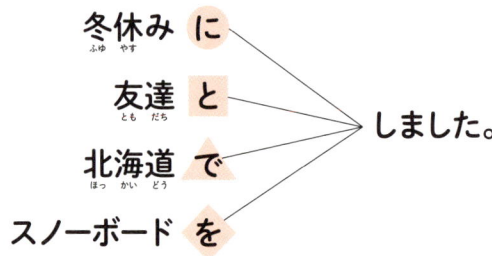

❶ 冬休みに 友達と 北海道で スノーボードを しました。

順番を変えても、❷の文の伝える事実は❶と変わりません。

Even if the orders are changed, the fact conveyed by (2) does not change with (1).

即使变换顺序，(2)和(1)想要传达的内容也是相同的。

Dù thay đổi thứ tự thì sự thực do câu (2) truyền tải không thay đổi so với (1).

❷ 北海道で 冬休みに 友達と スノーボードを しました。

グループB

係助詞(かかりじょし)
Binding particles ／系助词／Trợ từ nối

は・も・しか・こそ etc.

助詞(じょし)や名詞(めいし)の後(うし)ろについて、強調(きょうちょう)したり同(おな)じであることを示(しめ)したりして、情報(じょうほう)を追加(ついか)します。

A binding particle comes after a particle or noun to add extra information, such as adding emphasis or expressing that two things are the same.

接在助词或名词后面，用来强调前面或表示与前面相同、补充信息。

Chúng được đặt sau trợ từ và danh từ, nhấn mạnh, diễn đạt cùng một việc, thêm thông tin.

❸ 友達(ともだち) と 日本語(にほんご)で話(はな)します。
❹ 先生(せんせい) と も 日本語で話します。
❺ 家族(かぞく) と は 日本語で話しません。中国語(ちゅうごくご)で話します。

❸ ふつうの文(ぶん)で、追加(ついか)の情報(じょうほう)はありません。
❹ 「も」を使(つか)って、先生(せんせい)が「同(おな)じ」ことを示(しめ)します。
❺ 「は」を使って、家族(かぞく)が「ほかと違(ちが)う」ことを示します。

	日本語で話します	日本語で話しません	
❸	友達と		
❹	友達と	先生とも	← 同じ
❺	~~友達と~~	~~先生とも~~	家族とは	← ほかと違う

❻ 学校(がっこう) で 勉強(べんきょう)します。
❼ 図書館(としょかん) で も 勉強します。
❽ うち で は ゲームをしたり、家族(かぞく)と話(はな)したりします。

❻ ふつうの文で、追加の情報はありません。
❼ 「も」を使って、図書館(としょかん)が「同(おな)じ」ことを示(しめ)します。
❽ 「は」を使って、うちが「ほかと違(ちが)う」ことを示します。

	勉強します		ゲームをしたり、家族と話したりします	
❻	学校で			
❼	学校で	図書館でも		← 同じ
❽	~~学校で~~	~~図書館でも~~	うちでは	← ほかと違う

「が・を」に「も」や「は」がつくときは、「が・を」は見えなくなります。

When 'も' or 'は' is added to 'が' or 'を', the 'が' or 'を' becomes less visible.

在"が、を"后面接"も"或"は"时，则需要省去"が、を"。

Khi đặt "も" hoặc "は" sau "が / を" thì "が / を" biến mất.

⑨ リンさん が 来ました。

⑩ フェンさん が も 来ました。

⑪ キムさん が は まだ来ていません。

⑨ ふつうの文で、追加の情報はありません。

⑩ 「も」を使って、フェンさんが「同じ」ことを示します。「が」は見えません。

⑪ 「は」を使って、キムさんが「ほかと違う」ことを示します。「が」は見えません。

⑫ コーヒー を 飲みます。

⑬ お茶 を も 飲みます。

⑭ お酒 を は 飲みません。

⑫ ふつうの文で、追加の情報はありません。

⑬ 「も」を使って、お茶が「同じ」ことを示します。「を」は見えません。

⑭ 「は」を使って、お酒が「ほかと違う」ことを示します。「を」は見えません

→ 1つ1つの助詞の役割（仕事）を知ることが大事です。

第1章では、Aグループの助詞の仕事を、似ているものと比べながら勉強します。

It is important to understand the role (work) of each individual particle.
In Chapter 1, you will study how the particles from Group A work and compare to similar ones.

重要的是理解每一个助词的作用(任务)。
第1章中，我们将会通过比较含义相似的例文来说明A组助词的作用。

Quan trọng là cần biết vai trò (nhiệm vụ) của từng trợ từ.
Ở chương 1, chúng ta sẽ so sánh nhiệm vụ của trợ từ nhóm A với trợ từ tương tự để học.

「が」と「は」は、使い方を間違えやすいので、練習します。それぞれの助詞の仕事を、イメージしながら勉強してみましょう。

It is easy to misuse 'が' and 'は', so you will practice those. Imagine how each particle works while studying.

"が"和"は"的使用方法很容易弄混，请进行练习吧。一边想象每个助词的作用一边展开学习吧。

Cách dùng của "が" và "は" dễ bị sai nên chúng ta sẽ luyện tập. Chúng ta hãy cùng thử hình dung nhiệm vụ của từng trợ từ để học.

第1章

くらべてわかる
助詞のイメージ

1 話題・主語を表す助詞

は & が

例題 （　）に入るのは「は」と「が」、どちらですか。

❶ あ、かぎ（　　　）…。　　❷ えーっと、これのかぎ（　　　）…。

わかっている（もう話題になっている）ことを表す＝は
後ろの情報を言いたいです（前 ＜ 後）

▶01

- Indicating something known (that has already been mentioned) ＝ は
  You want to address the information after "は".
- 表示已经知道的事情（已经出现在话题中了）＝ は
  想要着重传达后面的信息。
- Diễn đạt điều đã biết (đã là chủ đề) ＝ は
  Muốn nói đến thông tin phía sau.

ねこ ＜ 大きい

新しい（まだ話題になっていない）ことを表す＝が
主語の情報を言いたいです（前 ＞ 後）

▶02

- Indicating something new (that hasn't been mentioned yet) ＝ が
  Information about the subject is important.
- 表示新的（之前未出现在话题中）事物＝ が
  着重传达主语的信息。
- Diễn đạt điều mới (chưa thành chủ đề) ＝ が
  Quan trọng là thông tin của chủ ngữ.

ねこ ＞ 来た

確認問題

Q.1 （　）に入るのは「は」ですか、「が」ですか。

❶リンさん（　　）出てきました。❷そして、リンさん（　　）日本の歌を歌いました。

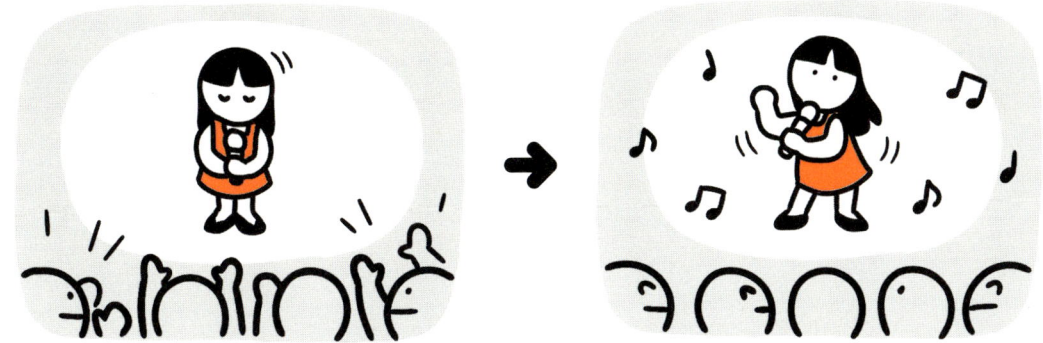

Q.2 「は」ですか、「が」ですか。（　）に書いてください。

隣のうちに①男の子（　　）います。②その男の子の名前（　　）けんくんです。

③けんくん（　　）毎日サッカーをしています。

④けんくん（　　）⑤妹（　　）います。⑥妹の名前（　　）はなちゃんです。

⑦はなちゃん（　　）4歳です。⑧髪（　　）長くて、かわいい女の子です。

Q.3 下線が引いてある①〜⑧は新しいこと・わかっていることのどちらについて説明していますか。

新しいこと	わかっていること
①男の子	

---

p.18 例題の答え ▶ ❶ あ、かぎ（が）…：新しく出てきたこと（＝かぎが落ちている）を表します。
❷ えーっと、これのかぎ（は）…：もう「かぎ」のことはわかっています。かぎはどれか考えます。

確認問題の答え

A.1 （　）に入るのは「は」ですか、「が」ですか。

❶ リンさん（が）出てきました。

リンさん ＞ 出てきた

新しい人が出てきました。まだ話題になっていません。「リンさん」という情報が大事です。

❷ そして、リンさん（は）日本の歌を歌いました。

リンさん ＜ 歌った

「リンさん」のことはもう知っています。「リンさん」の名前よりも、歌ったことを言いたいです。
②のように前と同じ主語が続く場合は、2回目の「リンさんは」を言わなくてもいいです。

A.2 「は」ですか、「が」ですか。（　）に書いてください。

隣のうちに①男の子（が）います。②その男の子の名前（は）けんくんです。
③けんくん（は）毎日サッカーをしています。
④けんくん（は）⑤妹（が）います。⑥妹の名前（は）はなちゃんです。
⑦はなちゃん（は）4歳です。⑧髪（が）長くて、かわいい女の子です。

A.3 新しいこと・わかっていることのどちらについて説明していますか。

新しいこと	
①男の子	⑤妹
⑧髪	

新しいことを表す「が」

わかっていること	
②その男の子	③けんくん
④けんくん	⑥妹
⑦はなちゃん	

わかっていることを表す「は」

⑧の文の話題は、⑦と同じ「はなちゃん」です。
同じ話題が続くときは、言わなくてもわかるので、言わないことが多いです。

練習問題 ▶答えは別冊 p.2

Q （　）に「は」か「が」を書いてください。

1. あ、机の下にお金（　　　　）ありますよ。

2. 富士山（　　　　）日本で一番高い山です。

3. A：あの人①（　　　　）誰ですか。
   B：トムさんです。トムさん②（　　　　）Fクラスの学生です。

4. A：きれいな字ですね。この字①（　　　　）誰②（　　　　）書きましたか。
   B：ヨウさん③（　　　　）書きました。ヨウさん④（　　　　）中国の学生です。

5. A：いっしょにご飯を食べませんか。
   B：いいですね。何①（　　　　）いいですか。
   A：焼肉②（　　　　）いいです。
   B：焼肉③（　　　　）私も好きです。じゃ、行きましょう。

6. A：みなさん、あした、テスト①（　　　　）あります。勉強してください。
   B：先生、テスト②（　　　　）難しいですか。
   A：いいえ。でも、漢字③（　　　　）たくさんあります。頑張ってください。

ワンポイント！

「何」「どこ」「いつ」「誰」「どちら」などの質問をする言葉は、具体的な内容がまだわからないから、「は」は使えないよ。

[例]
- どこがいいですか
- 誰が来ますか
- どちらが好きですか

2 主語・対象を表す助詞

が & を

例題 （ ）に入るのは「が」と「を」、どちらですか。

❶ 月（　　）出ている。

❷ 月（　　）見ている。

❸ 男の人（　　）見ている。

新しい（まだ話題になっていない）主語を表す＝が

- Indicating a new subject (one that hasn't been mentioned yet) = が
- 表示新的（之前未出现在话题中）主语 = が
- Diễn đạt chủ ngữ mới (chưa thành chủ đề) = が

男の人「が」食べています。

動作の対象を表す＝を

- Indicating a subject of an action = を
- 表示动作的对象 = を
- Diễn đạt đối tượng của hành động = を

男の人がりんご「を」食べています。

確認問題

Q.1 （　）に入るのは「が」ですか、「を」ですか。

❶ 人（　　）止める。　　　❸ 車（　　）止まる。
❷ 車（　　）止める。

Q.2 「～が～を～ます」（他動詞*¹）と「～が～ます」（自動詞*²＝「～を」を使わない動詞）の2つのグループに分けてください。

*1 他動詞：Transitive verb、他动词、Tha động từ
*2 自動詞：Intransitive verb、自动词、Tự động từ

飲みます	行きます	遊びます	勉強します
待ちます	寝ます	見ます	帰ります
入れます	入ります	開きます	開けます

～が ～を ～ます（他動詞）	～が ～ます（自動詞）
飲みます	

---

p.22 例題の答え

❶ 月（が）出ている：月は「出ている」の主語です。
❷ （男の人が）月（を）見ている：「月」は「見ている」という動作*³ の対象*⁴ です。
❸ 男の人（が）（月を）見ている：男の人は「見ている」の主語です。

*3 動作：Action、动作、Hành động
*4 対象：Subject、对象、Đối tượng

確認問題の答え

A.1 （ ）に入るのは「が」ですか、「を」ですか。

❶ 人（が）止める。
❷ 車（を）止める。

「人」は「止める」の主語です。
「車」は「止める」という動作の対象です。他動詞（「〜を」を使う動詞）なので、「人が車を止めます。」のように「〜が〜を〜ます」という文になります。

❸ 車（が）止まる。

「車」は「止まる」の主語です。自動詞なので、対象を表す「〜を」がありません。

A.2 「〜が〜を〜ます」（他動詞）と「〜が〜ます」（自動詞＝「〜を」を使わない動詞）の2つのグループに分けてください。

〜が〜を〜ます（他動詞）	
飲みます	勉強します
待ちます	見ます
入れます	開けます

〜が〜ます（自動詞）	
行きます	遊びます
寝ます	帰ります
入ります	開きます

対象を表す「〜を」がある動詞

「学生が日本語を勉強します」「犬がテレビを見ています」など、対象を表す「〜を」があります。

対象を表す「〜を」がない動詞

「子どもが遊びます」「ねこが寝ています」など、対象を表す「〜を」がありません。

「入れます」（他動詞）と「入ります」（自動詞）の違いは？

注目する主語が違います。「兄がかばんに漫画を入れました」では、入れた人＝兄について話します。人ではなく、漫画のことを言いたいときは、「かばんに漫画が入っています」と言います。

練習問題 ▶答えは別冊 p.2

Q （　）に「が」か「を」を書いてください。

1. 女の子（　　　　）何かを読んでいます。

2. 犬（　　　　）走っています。

3. 女の子（①　　　　）お母さんに花（②　　　　）あげました。

4. 鼻水（　　　　）出ています。

5. 部屋の電気（①　　　　）ついています。誰（②　　　　）つけましたか。

6. ここに自転車（①　　　　）止めないでください。人（②　　　　）歩けません。

7. 電話（①　　　　）かけている学生（②　　　　）います。

8. みんな（①　　　　）帰ったあとで、部屋（②　　　　）片付けます。

9. ねこ（①　　　　）女の人の服（②　　　　）汚しました。

10. 女の人（①　　　　）ねこに服（②　　　　）汚されました。

ワンポイント！

「を」には、動作の対象だけでなく、
通過や出発する場所を表す使い方もあるよ。

● 橋を渡ります (➡p.30)

● 8時に家を出ます (➡p.34)

3 場所を表す助詞

例題 （　）に入るのは「に」と「で」、どちらですか。

❶ このホテル（　　）レストランがある。　　❷ このホテル（　　）結婚式がある。

ある場所にくっついて動かないとき＝に

- When something is attached to a place and doesn't move ＝に
- 停留在某个场所不移动＝に
- Khi gắn vào một nơi nào đó và không chuyển động ＝に

空間で動くとき／イベント・出来事があるとき＝で

- When something moves or there is an event or incident in a space ＝で
- 在空间内 做动作／发生事件・事情＝で
- Khi chuyển động trong không gian / khi có sự kiện, sự việc ＝で

 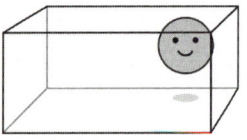 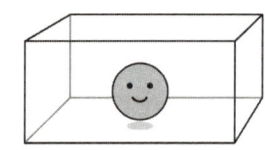

確認問題

Q.1 （　）に入るのは「に」ですか、「で」ですか。

❶ あの交差点（　　）コンビニがある。　　❷ あの交差点（　　）事故があった。

Q.2 次の言葉を「に」と「で」の2つのグループに分けてください。
両方のグループに入る動詞もあります。

＊言葉の意味をイメージして分けましょう。組み合わせは覚えなくていいです。

パーティー	かばん	トイレ	テスト
発表	オリンピック	教室	試合
カラオケ大会	コンビニ	お寺	火事
パソコン	いす	-	-

〜があそこ に あります／ありました	
かばん	

〜があそこ で あります／ありました	
パーティー	

p.26例題の答え　❶ このホテル（に）レストランがある：レストランは、動きません。
　　　　　　　　❷ このホテル（で）結婚式がある：結婚式はイベントです。

A.1 （　）に入るのは「に」ですか、「で」ですか。

❶ あの交差点（に）コンビニがある。

交差点という場所にコンビニがくっついているイメージです。コンビニは動きません。
写真のようなイメージです。

❷ あの交差点（で）事故があった。

事故という出来事が起きました。事故の場所は交差点です。
出来事は、動画のようです。

A.2 次の言葉を「に」と「で」の2つのグループに分けてください。

〜があそこに あります／ありました	
かばん	トイレ
教室	コンビニ
パソコン	いす
🐾 テスト	お寺

〜があそこで あります／ありました	
パーティー	お寺
発表	オリンピック
試合	カラオケ大会
🐾 テスト	火事

動かないイメージの「に」

「に」といっしょに使う言葉は、「教室」「パソコン」など動かない名詞です。写真のようなイメージです。

動くイメージの「で」

「で」といっしょに使う名詞は、「パーティー」「コンサート」「火事」などのイベント・出来事です。動画のようで、止まっていません。

🐾 「テスト」はふつう試験を受けるというイベントなので、「で」を使います。テストの紙を表すときには「先生の机の上にテスト（の紙）があります」のように「に」を使います。

練習問題 ▶ 答えは別冊 p.3

第1章

Q （　）に「に」か「で」を書いてください。

*片方しか使えないものと、「に」と「で」の両方使えるけどイメージが違うものがあります。場面をイメージしながら考えてみましょう。

1. 安いホテル（　　　　）泊まります。

2. （タクシーの中）「すみません。ここ（　　　　）止めてください。」

3. 飛行機（　　　　）1時間ぐらい寝ました。

4. （医者が病気の人に）
「じゃ、おなかを見ますから、このベッド（　　　　）寝てください。」

5. 今、日本（　　　　）生活しています。

6. 家族といっしょに池袋（　　　　）住んでいます。

7. きのうの5時ごろ、東京（　　　　）地震がありました。

8. 見てください。あそこ（　　　　）きれいな花が咲いていますよ。

9. かぎはどこ（　　　　）おいてありますか。

10. 電車の中（　　　　）スマホで話さないでください。

ワンポイント！

「公園の前に車の事故があった」という文を日本語ネイティブが聞くと、事故の瞬間が写真のように動かない状態で、ずっとあったというイメージを持つから、おかしな文に聞こえるよ。
でも、「公園の前に車のガラスがたくさんあった」は自然に聞こえるんだ。
それは事故のあと、車はすぐにほかの場所に持って行くけどガラスはそこに残っていることが多いからなんだ。

4 場所を表す助詞

で & を

例題 （ ）に入るのは「で」と「を」、どちらですか。

❶ 川（　　）泳ぐ。　　　　　　❷ 川（　　）泳ぐ。

限られた空間で動くとき＝で

- When moving within a limited space ＝で
- 在限定的空间内发生动作＝で
- Khi chuyển động trong không gian hạn chế ＝ で

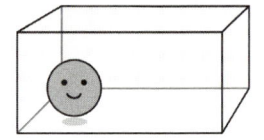 → 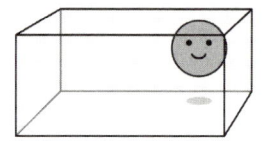 →

その場所を離れて、ほかの場所に行くとき＝を

- When leaving a place to go to another place ＝を
- 离开这个场所，前往别的场所时＝を
- Khi rời khỏi nơi đó và đi đến nơi khác ＝ を

 →  →

Q.1 （　）に入るのは「で」ですか、「を」ですか。

❶ トレーニングジム（　　）走る。　　❷ 道（　　）走る。

Q.2 次の動詞を「で」と「を」の2つのグループに分けてください。
両方のグループに入る動詞もあります。

＊言葉の意味をイメージして分けましょう。動詞と助詞の組み合わせは覚えません。

遊びます	歩きます	踊ります
渡ります	運動します	曲がります
通ります	騒ぎます	食べます

ここ で ～ます	ここ を ～ます
遊びます	

---

p.30 例題の答え　▶　❶ 川（で）泳ぐ：この子どもたちは同じところ（限られた空間）で泳ぎます。
❷ 川（を）泳ぐ：この動物はほかのところに行くために泳ぎます。

確認問題の答え

A.1 （　）に入るのは「で」ですか、「を」ですか。

❶ トレーニングジム（で）走る。

> 同じところ（限られた空間）で走ります。ほかの場所に行きません。

❷ 道（を）走る。

> はじめの場所を離れて、ほかの場所に行きます。同じ場所にずっといません。

A.2 次の動詞を「で」と「を」の2つのグループに分けてください。

ここ で 〜ます	
遊びます	踊ります
運動します	🐾渡ります
食べます	🐾歩きます
🐾曲がります	騒ぎます

ここ を 〜ます	
🐾歩きます	🐾渡ります
🐾曲がります	通ります

「〜で」：1つの場所でする動作*

「寝ます」「テレビを見ます」など1つの場所でする動作*は「で」といっしょに使います。

「〜を」：1つの場所に行く動作

「飛びます」「走ります」などほかの場所に行く動作*は「を」といっしょに使います。

*動作：Action、动作、Hành động

> 🐾「歩きます」「曲がります」「渡ります」はほかの場所に行くことが多いですが、「ジムで歩きます」「ここではなくて、あそこで曲がります」のように、同じ場所ですることを言うときは、「で」を使います。

練習問題 ▶答えは別冊 p.3

Q （　）に「で」か「を」を書いてください。

＊「で」と「を」の両方使えるけどイメージが違うものと、片方しか使えないものがあります。
場面をイメージしながら考えてみましょう。

1. 橋の上（　　　　）絵をかきました。

2. 部屋の中（　　　　）走らないでください。

3. 飛行機が空（　　　　）飛んでいます。

4. 毎日この道（　　　　）走って公園に行きます。

5. この角（　　　　）右に曲がります。

6. この魚は海（　　　　）泳いで、日本からアメリカまで行きます。

7. 子どものころ、よく海（　　　　）泳ぎました。

8. この道（　　　　）まっすぐ行くと、コンビニがあります。

9. 日本（　　　　）いろいろなところへ行きたいです。

10. 上野へ行って、桜を見ながら公園（　　　　）散歩しました。

ワンポイント！

動詞が持つイメージの違いによって、使う助詞が変わるよ。
イメージの違いを確かめてみよう！

- 階段を上る（はじめの場所と終わりの場所が違うことを表します）
- 階段で休む（休む動作に注目します）
- 階段に座る（おしりが階段についている場所に注目します ➡ p.34）
- 階段から落ちる（離れる場所を表します ➡ p.42）

5 場所を表す助詞

を & に

例題 （　）に入るのは「を」と「に」、どちらですか。

❶ 自転車（　　　）乗る。　　　❷ 自転車（　　　）降りる。

ある場所を離れるとき＝を

- When leaving a place ＝を
- 离开某个场所时＝を
- Khi rời khỏi một nơi nào đó ＝を

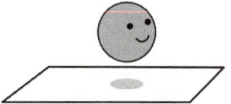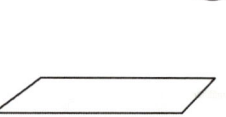

ほかのところから来て、ある場所にくっつくとき＝に

- When coming from another place and attach to a place ＝に
- 从其他地方过来，停留在某个场所时＝に
- Khi từ nơi khác đến và gắn vào một nơi nào đó ＝に

確認問題

Q.1 （ ）に入るのは「を」ですか、「に」ですか。

❶ 授業（　　）出る。　　❷ 教室（　　）出る。

Q.2 次の動詞を「を」と「に」の2つのグループに分けてください。
両方のグループに入る動詞もあります。

＊言葉の意味をイメージして分けましょう。動詞と助詞の組み合わせは覚えなくていいです。

出ます	座ります	出発します
出場します	入学します	卒業します
入ります	出かけます	参加します

ここを〜ます
出ます

ここに〜ます

---

p.34 例題の答え
❶ 自転車（に）乗る：体の一部（おしり）が自転車にくっつきます。
❷ 自転車（を）降りる：体の一部（おしり）が自転車から離れます。

確認問題の答え

A.1 （　）に入るのは「を」ですか、「に」ですか。

❶ 授業（に）出る。

ほかのところから来て、授業に参加します。ある場所にくっつくイメージから、空間*¹に入って、活動に参加するイメージにつながります。

*1 空間：Space、空間、Không gian

❷ 教室（を）出る。

授業が終わって教室を離れます。

A.2 次の動詞を「を」と「に」の2つのグループに分けてください。

ここ を 〜ます	
出ます	出発します
卒業します	

ここ に 〜ます	
出ます	座ります
出場します	入学します
入ります	★出かけます
参加します	

離れる「を」
そこから離れる動作*²です。

くっつく／参加する「に」
ある場所にくっつくイメージや、メンバーになって活動に参加するイメージです。

- 🐾「出ます」は、離れる動作*²を表すときと、活動に参加するときの両方あります。
- ★「出かけます」は、「山に出かける」のように、行き先といっしょに使うので、「に」です。

*2 動作：Action、动作、Hành động

練習問題 ▶答えは別冊 p.4

Q （　）に「を」か「に」を書いてください。

＊場面をイメージしながら考えてみましょう。

1. たかしくんは明日の試合（　　　　）出ますか。

2. 中央駅でバス（①　　　　）乗ってください。
   そして、さくら大学前でバス（②　　　　）降りてください。

3. 朝、8時ごろ家（　　　　）出ました。

4. このロッカー（①　　　　）荷物を置いてから、プール（②　　　　）入ります。

5. 去年、高校（①　　　　）出て、日本（②　　　　）来ました。

6. フォンさんは日曜日にボランティア活動（　　　　）参加したそうです。

7. 私は10時に東京（①　　　　）出発して、
   12時ごろ京都（②　　　　）着きます。

8. 毎年夏休みは海外（　　　　）出かけます。

9. この牧場では、馬（　　　　）乗れます。

10. 席（　　　　）立つときは、さいふを持って行ってください。

ワンポイント！

「出ます」といっしょに使う名詞に注目してみよう！
名詞のタイプによって、離れるか、参加するかが決まるんだ。
離れる場合を表す「を」は、家、駅、大学、カフェなどの具体的な場所を表す言葉といっしょに使うよ。
参加する場合を表す「に」は、オリンピック、ミーティング、練習、大会などのイベントや活動を表す言葉といっしょに使うんだ。

6 場所・時間を表す助詞

まで & に

例題 （　）に入るのは「まで」と「に」、どちらですか。

❶ 8時10分（　）学校（　）着く。　　❷ 学校（　）10分歩く。

始まりから終わりの間、ずっと続いていることを表すとき＝まで

距離／時間の幅があることを表します

- When expressing continuance from the beginning to the end ＝まで
  It expresses that there is a span of distance or time
- 表示从开始到结束的整个过程中持续发生＝まで
  表示距离／时间有一定的幅度
- Khi diễn đạt việc tiếp diễn liên tục trong thời gian từ khi bắt đầu đến khi kết thúc ＝まで
  Diễn đạt rằng có khoảng cách / độ dài thời gian

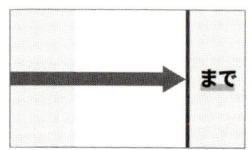

ほかのところから来て、ある場所にくっつくとき＝に

ある短い時間／瞬間の1点を表します

- It expresses a short period of time / a moment
- 表示某个很短的时间／瞬间
- Diễn đạt thời gian ngắn ngủi nào đó / 1 điểm chớp mắt

確認問題

Q.1 （ ）に入るのは「まで」ですか。「に」ですか。「までに*」ですか。

*まで＋に：始まりから終わりの間に、1度することを表します。

❶ 受付が始まるので、9時（　）電話する。

8:45　9:00　9:15

❷ 友達と話が続いて、9時（　）電話した。

9:00

❸ 受付が終わるので、9時（　）電話する。

9:00

Q.2 次の動詞を「まで」と「に」の2つのグループに分けてください。「に」しか使えないものはどれですか。

*言葉の意味をイメージして分けましょう。組み合わせは覚えなくていいです。

遊びます	始めます	走ります	行きます
勉強します	消えます	届きます	練習します
終わります	います	-	-

9時 まで／に ～ます

遊びます

9時 に ～ます

---

p.38 例題の答え
❶ 8時10分（に）学校（に）着く：学校に、ある瞬間、到着することを表します。
❷ 学校（まで）10分歩く：始まりから終わり（家から学校）の間、ずっと歩きます。

確認問題の答え

A.1 （　）に入るのは「まで」ですか。「に」ですか。「までに」ですか。

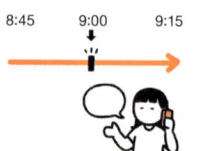

❶ 受付が始まるので、9時（**に**）電話する。

> ある瞬間（＝9時）を表します。

❷ 友達と話が続いて、9時（**まで**）電話した。

> 始まりから終わりの間、ずっと続いていることを表します。時間が長いことを表します。

❸ 受付が終わるので、9時（**までに**）電話する。

> 始まりから終わりの間に、1度、電話することを表します。

A.2 次の動詞を「まで」と「に」の2つのグループに分けてください。

9時 まで／に ～ます	
遊びます	走ります
勉強します	練習します
います	

9時 に ～ます	
始めます	行きます
届きます	消えます
終わります	

「ずっと」といっしょに使える動詞

「遊んでいます」や「勉強しています」のように、続いていることを表します。

「ずっと」といっしょに使えない動詞

「～ています」をつけると、今のことではなく、結果が続いていること（荷物が届きました→荷物が届いています）を表します。

「5時に東京駅にいます」のように「に」を使うときは、「5時」という瞬間をイメージして、そのときの状態*について表しています。

*状態：Condition、状态、Trạng thái

練習問題 ▶ 答えは別冊 p.5

Q （　）に「まで」か「に」か「までに」を書いてください。

＊場面をイメージしながら考えてみましょう。

1. 月曜日から金曜日（　　　　　）授業があります。

2. 金曜日（　　　　　）友達と映画に行きました。

3. あさって（　　　　　）レポートを出さなければなりません。

4. 毎朝7時（　　　　　）起きます。

5. できるだけ夜11時（　　　　　）寝たほうがいいです。

6. 先週の日曜日は朝10時（　　　　　）寝ていました。

7. 健康のために、隣の駅（　　　　　）歩いています。

8. 夏休み（　　　　　）北海道に行きました。

9. 新しい授業が始まる（　　　　　）教科書を買っておきます。

10. 友達が来る（　　　　　）待っていました。

第1章

ワンポイント！

「この宿題を30日までに出します（by the 30th）」は、1度出すだけだよね。

でも「この宿題を30日まで出します（until the 30th）」とすると、今日から30日まで毎日ずっと出し続けるという意味になるから、学生も先生もとても大変だよ。

「まで」と「までに」は、形の違いは小さいけど、意味は大きく違うよね。

7 場所を表す助詞

から & を

例題 （　）に入るのは「から」と「を」、どちらですか。

❶ ふとん（　　）出る。　　❷ 大学（　　）出る。

ある場所を離れるときの実際の動きに注目するとき＝から

- When focusing on the actual movement when leaving a place ＝ から
- 从某个场所离开时，重点放在实际的动作上＝から
- Khi chú ý đến chuyển động thực tế khi rời khỏi một nơi nào đó ＝ から

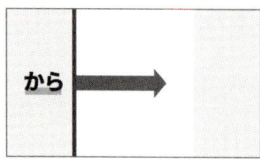

ある場所を離れて、もうそこにいないことを言いたいとき＝を

- When you want to say the fact that someone/something has left a place and is no longer there ＝ を
- 离开某个场所后，想要传达已经不在那个场所时＝を
- Khi muốn nói về việc đã rời khỏi một nơi nào đó và không còn ở đó ＝ を

確認問題

Q.1 （　）に入るのは「から」ですか、「を」ですか。

❶ 電車（　　）降りる。　　　❷ 電車（　　）降りる。

Q.2 次の言葉を「から」と「を」の2つのグループに分けてください。

両方のグループに入る動詞もあります。

＊言葉の意味をイメージして分けましょう。組み合わせは覚えなくていいです。

窓	大学	机の下
テント	駅	会社
部屋	おふろ	ホテル

〜から出る

窓

〜を出る

大学

---

p.42 例題
の答え

❶ ふとん（から）出る：ふとんを離れるときの動きに注目しています。
❷ 大学（を）出る：大学を離れて、もうそこにはいません。

確認問題の答え

A.1 （　）に入るのは「から」ですか、「を」ですか。

❶ 電車（を）降りる。

電車を離れて、もうそこにはいません。

❷ 電車（から）降りる。

電車を離れるときの動きに注目しています。

A.2 次の言葉を「から」と「を」の2つのグループに分けてください。

～から出る	
窓	机の下
テント	おふろ
🐾 部屋	🐾 ホテル

実際の動きに注目

ある場所を離れるときの実際の動きに注目しています。

～を出る	
大学	駅
会社	🐾 部屋
🐾 ホテル	

もうそこにいない

ある場所を離れて、もうそこにいないことを言いたいです。

🐾 「部屋」や「ホテル」は、「～から出る」を使うと、「地震のときは、あわてて部屋から出てはいけません」や「大雪が降っていて、ホテルから出られない」のように、出るときの動きが強調されるイメージになります。

練習問題 ▶ 答えは別冊 p.5

Q （ ）に「から」か「を」を書いてください。

＊場面をイメージしながら考えてみましょう。

1. 穴の中（　　　　）虫が出てきました。

2. 高校（　　　　）卒業して、大学に進学しました。

3. 朝、テント（　　　　）出たら、雪が積もっていました。

4. 彼はいつも会社（　　　　）出たら、まっすぐ家に帰ります。

5. 10時にチェックアウトして、ホテル（　　　　）出ます。

6. 雷が鳴っているので、今は建物（　　　　）出ないでください。

7. ミーティングが終わって部屋（　　　　）人が出てきました。

8. 私たちが乗った電車は、広島駅（　　　　）9時に出発しました。

9. 今日は寒いから、家（　　　　）出たくないです。

10. 就職したら、家（　　　　）出て、1人暮らしをするつもりです。

ワンポイント！

ドラマなどでは、危険な場所の近くにいる人に、
「ここから離れてください!!」と言うよね。
「ここを離れてください」と言われても、
大変なことが起きているという気がしないんだ。
ゆっくりそこから少し離れる感じかな。
「から」を使うと、急いでしっかり遠くに離れないといけない
イメージが強くなるよ。

8 場所を表す助詞

例題 （　）に入るのは「へ」と「に」、どちらですか。

❶ うち（　　）帰る。　　❷ うち（　　）帰る。

ある方向に向かうとき＝へ
そのあと、どこにいるかわからなくてもいいです

- When going toward a direction ＝ へ（You don't have to know where they are afterward）
- 朝着某个方向移动的时候＝へ（可以不用说明之后停留在什么地方）
- Khi hướng đến một hướng nào đó ＝ へ（Sau đó dù không biết đang ở đâu cũng được）

ほかのところから来て、ある場所にくっつくとき＝に
そのあと、そこにいます

- When coming from another place and attach to a place ＝ に（They are there afterward）
- 从其他地方过来，停留在某个场所时＝に（之后一直停留在这个场所）
- Khi từ nơi khác đến và gắn vào một nơi nào đó ＝ に（Sau đó, sẽ ở nơi đó）

確認問題

Q.1 （　）に入るのは「へ」ですか、「に」ですか。

❶ ねこを外（　　）出す。　　　　❷ ねこを外（　　）出す。

Q.2 次の動詞を「へ」と「に」の2つのグループに分けてください。

両方のグループに入る動詞もあります。

＊言葉の意味をイメージして分けましょう。組み合わせは覚えなくていいです。

止まります	着きます	向かいます
行きます	入れます	帰っていきます
帰ってきます	逃げます	投げます

あっち／あそこ へ 〜ます	あっち／あそこ に 〜ます
	止まります

p.46 例題の答え
❶ うち（に）帰る：「うち」に帰ったあと、うちに「いる」ことを言います。
❷ うち（へ）帰る：「うち」がある方向に向かうことを言います。

確認問題の答え

A.1 （　）に入るのは「へ」ですか、「に」ですか。

❶ ねこを外（へ）出す。

ねこを出したあと、ねこがどこにいるかわかりません。

❷ ねこを外（に）出す。

ねこを出したあと、ねこが家の外にいることがわかっています。

A.2 次の動詞を「へ」と「に」の2つのグループに分けてください。

あっち／あそこ へ ～ます	
向かいます	帰っていきます
🐾行きます	🐾逃げます
🐾投げます	

あっち／あそこ に ～ます	
止まります	着きます
入れます	帰ってきます
🐾行きます	🐾逃げます
🐾投げます	

方向だけを表す「へ」

そのあとどこにいる（ある）かはわからなくてもいいです。「🐾あっちへ行きます／逃げます／投げます」は、そのあとに、いる（ある）場所がわからないときに言います。

くっつく場所も示す「に」

どこにいるかを表します。「🐾あそこに行きます／逃げます／投げます」は、行ったあとにいる場所（例：教室）、投げたあとにくっつく場所（例：壁）を表します。

「～ていきます」と「～てきます」の違いは？

「帰っていきます」の「～いきます」は、自分のいる場所を離れて、向かう方向を表します。「帰ってきます」の「～きます」は、ほかの場所から、自分のいる場所に近づくことを表します。

練習問題 ▶答えは別冊 p.5

Q （　）に「へ」か「に」を書いてください。

＊片方しか使えないものと、「へ」と「に」の両方使えるけどイメージが違うものがあります。
場面をイメージしながら考えてみましょう。

1. 風船が空（　　　　）上っていきます。

2. 富士山（　　　　）登りたいです。

3. いすを部屋の外（　　　　）出しました。

4. 鳥があっちのほう（　　　　）飛んでいきました。

5. 虫が私の頭（　　　　）飛んできました。

6. 男はあっちのほう（　　　　）逃げました。

7. これから友達のうち（　　　　）行って、ゲームをします。

8. どこか遠く（　　　　）行きたいです。

9. うち（　　　　）帰ったら、電話してください。

10. その船は北（　　　　）向かって進んでいきました。

ワンポイント！

「あっち・こっち・そっち」は、だいたいの方向を表す言葉だから、「へ」といっしょに使われることが多いよ。「あちら・こちら・そちら」みたいに丁寧に言うこともあるんだ。
この表現は、「あそこ・ここ・そこ」を丁寧に言うときにも使うよね。レストランで「そちらの席にどうぞ」と言われたら、「そこの席」という意味だよ。紛らわしいよね。

9 方向を表す助詞

から & に

例題 （　）には何が入りますか。答えは1つとは限りません。

❶ 父が妹（　　）プレゼントをあげる。　　❷ 妹が父（　　）プレゼントをもらう。

受け取る人を表すとき＝に

- When expressing the recipient ＝に
- 表示接受（事物）的一方＝に
- Khi diễn đạt người nhận ＝ に

与える人を表すとき＝に

「から」も使うことができます。ただし、「〜てもらう」の文では、ふつう「から」を使いません。

- When expressing the person giving ＝に　＊'から' can also be used
- 表示给与（事物）的一方＝に　※也可以使用"から"
- Khi diễn đạt người cho ＝ に　*Cũng có thể dùng "から"

確認問題

Q.1 （ ）に入るのは「から」ですか、「に」ですか。
答えは1つとは限りません

❶ 先生（　　　）ほめられる。　　❷ 男の人（　　　）手伝ってもらう。

Q.2 四角の中の矢印の方向をよく見て、（　　　）に「に」か「から」か「へ」を書いてください。［与える人 → 受け取る人］

［例］　父 → 妹　　妹が父（ に ／ から ）もらったプレゼント

❶ 私 → 弟　　弟（　　　　）あげたゲーム

❷ 友達 → 兄　　兄が友達（　　　　）もらった漫画

❸ 先生 → 私　　先生（　　　　）チェックしてもらったスピーチ

❹ 私 → 父　　父（　　　　）のプレゼント

❺ 友達 → 私　　友達（　　　　）のメール

---

p.50例題の答え　▶　❶ 父が妹（に）プレゼントをあげる：「妹」はプレゼントを受け取る人です。
❷ 妹が父（に／から）プレゼントをもらう：「父」はプレゼントを与える人です。

＊「父からのプレゼント」「妹へのプレゼント」のように、「もらう」「あげる」などの動詞がない場合は「に」は使いません（「×父にのプレゼント」「×妹にのプレゼント」）。

確認問題の答え

A.1 （　）に入るのは「から」ですか、「に」ですか。

❶ 先生（に／から）ほめられる。

先生は「ほめる」ことを与える人です。

❷ 男の人（に）手伝ってもらう。

男の人は「手伝う」ことを与える人です。
「〜てもらう」の文では、ふつう「から」を使いません。

A.2 四角の中の矢印の方向をよく見て、（　）に「に」か「から」か「へ」を書いてください。

❶ 弟（に）あげたゲーム	「弟」はゲームを受け取る人です。
❷ 兄が友達（に／から）もらった漫画	「友達」は漫画を与える人です。「に」と「から」の両方を使うことができます。
❸ 先生（に）チェックしてもらったスピーチ	「先生」は「チェックする」ことを与える人です。「〜てもらう」の文では、ふつう「から」を使いません。
❹ 父（へ）のプレゼント	「父」はプレゼントを受け取る人です。動詞（あげる）がないので、「に」は使えません。受け取る人を「へ」で表します。
❺ 友達（から）のメール	「友達」は手紙を与える人です。動詞（もらう）がないので、「に」は使えません。受け取る人を「から」で表します。

「あげる」「もらう」などの動詞がない場合、「に」を使うと、与える人か受け取る人か分からなくなります。このときは、「〜への名詞」「〜からの名詞」を使います。

練習問題 ▶答えは別冊 p.6

Q （ ）に「に」か「から」か「へ」を書いてください。

＊複数使えるものと、1つしか使えないものがあります。
場面をイメージしながら考えてみましょう。

1. これは友達（　　　）あげる本です。

2. 姉（　　　）コンサートのチケットをもらいました。

3. このドレスは両親（　　　）の誕生日プレゼントです。

4. 弟（　　　）絵本を読んであげました。

5. 毎年、母（　　　）花束をあげます。

6. 父（　　　）の手紙を妹といっしょに書きました。

7. 友達（　　　）もらったケーキを食べました。

8. 事務の人（　　　）奨学金の書類を見てもらいました。

9. 授業を休むときは、先生（　　　）の連絡を忘れないでください。

10. 最近、恋人（　　　）の連絡がないから心配です。

第1章

ワンポイント！

「〜てもらう」の文で「から」を使うことができるのは、一部の方向性のある動詞なんだ。
例えば、「教える、貸す、紹介する」などだね。
「友達からスペイン語を教えてもらいました」
「リンさんからアルバイトを紹介してもらいました」と言うことができるよ。

10 両方か片方かを表す助詞

と & に

例題 （　）に入るのは「と」と「に」、どちらですか。

❶ ドア（　　）ぶつかる。　　❷ 人（　　）ぶつかる。

両方が同じ動作をするとき＝と

- When both perform the same action ＝ と
- 双方做出同样的动作时＝ と
- Khi cả hai làm cùng một hành động ＝ と

  →   →

片方がほかのところから来て、ある場所にくっつくとき＝に

- When one has come from another place, and has become attached to a certain place ＝ に
- 一方从其他地方过来，停留在某个场所时＝ に
- Khi một bên từ nơi khác đến và gắn vào một nơi nào đó ＝ に

確認問題

Q.1 （　）に入るのは「と」ですか、「に」ですか。

❶ 旅行の行き先を友達（　　　）相談する。　　❷ 悩みを先輩（　　　）相談する。

Q.2 次の動詞を「と」と「に」の2つのグループに分けてください。

＊言葉の意味をイメージして分けましょう。組み合わせは覚えなくていいです。

結婚します	話します	話し合います
言います	連絡します	けんかします
会います	協力します	メールします

人 と ～します

結婚します

人 に ～します

---

p.54 例題の答え　
❶ ドア（に）ぶつかる：ドアは動きません。人が動いてぶつかります。
❷ 人（と）ぶつかる：自分も相手も動いて、ぶつかります。

確認問題の答え

A.1 （　）に入るのは「と」ですか、「に」ですか。

❶ 旅行の行き先を友達（と）相談する。

> 私も友達もどこがいいか意見を言います。

❷ 悩みを先輩（に）相談する。

> 私は悩みがあるので、先輩に話します。先輩は悩みを聞きます。

A.2 次の動詞を「と」と「に」の2つのグループに分けてください。

人と ～します	
結婚します	話し合います
けんかします	🐾話します
🐾会います	🐾協力します

人に ～します	
言います	連絡します
メールします	🐾話します
🐾会います	🐾協力します

> 「と」といっしょに使う動詞は、両方がする動作です。

> 「に」といっしょに使う動詞は、片方がする動作です。

> 🐾 「話します、会います、協力します」は、「と」の場合は、両方が同じぐらいその動作をするイメージです。
> 「に」の場合は、片方がその動作をするイメージです。

練習問題 ▶答えは別冊 p.6

Q （　）に「と」か「に」を書いてください。

＊場面をイメージしながら考えてみましょう。

1. ランチに行って、友達（　　　　）2時間も話しました。
2. 自分の秘密を友達（　　　　）話しました。
3. 日本に行く前に高校の先生（　　　　）会いに行きました。
4. 喫茶店で先輩（　　　　）会う約束をしました。
5. 隣の人（　　　　）向かい合って座ってください。
6. みんな（　　　　）協力してボランティア活動をします。
7. 結婚することを友達（　　　　）言ったら、びっくりしていました。
8. 両親（　　　　）よく話し合って留学を決めました。
9. きのう、友達（　　　　）けんかしてしまいました。
10. 感謝の気持ちを祖母（　　　　）伝えるつもりです。

ワンポイント！

みんなはメールやチャットをよく使う？
「友達にメールする」のように、
メールは「に」といっしょに使うことが多いけど、
チャットは「友達とチャットする」のように
「と」のほうが自然なイメージになるよ。
チャットは一方向じゃなくて、
自分も相手も同じぐらい書き込むからなんだ。

COLUMN

助詞のイメージから、その続きを。

　日本語では、文を最後まで言わないことがあります。助詞があれば、そのあとにどのような言葉が続くか、だいたいわかるからです。また、最後まで言わないことで、聞く人の想像を広げることができるので、広告や小説、歌のタイトルなどにもときどき使われます。
　次の2つは同じ「明日」という言葉を使った歌のタイトルですが、あとに続く言葉のイメージが違います。

明日へ　（Little Glee Monsterの曲）

「明日へ」は、「明日に」のように到着するイメージではなく、「へ」という方向だけを示しています。曲の中では「明日へ走る」と歌われています。「明日」は、次の日には今日になって、また新しい「明日」があります。「明日へ」では「明日」が永遠に未来にあって、手が届かないけれども、前に進んで行く感じがします。不安はあっても、夢に向かって、もっと頑張っていこうという希望を歌っています。

明日も　（SHISHAMOの曲）

私たちの毎日はいいことばかりではありません。泣きたいことがあっても、毎日頑張っている人を歌った曲です。曲の中で、主人公は毎日頑張っています。今日も頑張りました。「明日も」というと、もうわかりますね。

次の言葉の続きを、みなさんならどう考えますか？

ずっと、あなたと。
（白鶴酒造のお酒の広告）

子どもたちに青空を。
（Hondaの環境への取り組み）

第2章

イメージを広げて使える助詞のイメージ

1-1 範囲を表す で

いくつかある中で**範囲**を限定します

- Limit the scope among several items
- 限定在某些范围之内
- Giới hạn phạm vi trong một số thứ

> 1日 **で** 宿題をします。

1日という限定された範囲を表します。

- It expresses a limited scope of one day.
- 表示限定范围为1天。
- Diễn đạt phạm vi được hạn chế là 1 ngày.

> 2人 **で** 宿題をします。

2人という限定された範囲を表します。

- It expresses a limited scope of two persons.
- 表示限定范围为2人。
- Diễn đạt phạm vi được hạn chế là 2 người.

確認問題 ▶ 答えは別冊 p.8

Q （　）の中に「で」か「を」か「まで」を書いてください。

1. レポート（　　　）3時間（　　　）書きました。
2. 駅（　　　）10分（　　　）歩けます。
3. 沖縄旅行には全部（　　　）いくらかかりましたか。
4. このアメは5個（　　　）100円です。
5. このビル（　　　）半年（　　　）建てました。

1-2 原因を表す で

あることが起きた原因を表します
名詞・な形容詞のあとに付きます

- It expresses the cause of something that happened
  It follows nouns and 'na' form adjectives
- 表示某件事发生的原因。接在名词、な形容动词后面
- Diễn đạt nguyên nhân khiến một việc nào đó đã xảy ra
  Đặt vào sau danh từ / tính từ đuôi な

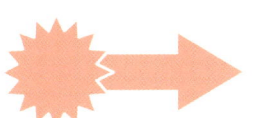

風邪 で 学校を休みました。

学校を休みました。原因は風邪です。

- I was absent from school. The cause was a cold.
- 请假没有去学校。原因是感冒。
- Tôi đã nghỉ học. Nguyên nhân là cảm lạnh.

台風 で 飛行機が飛べません。

飛行機が飛べません。原因は台風です。

- The plane cannot fly. The cause is a typhoon.
- 飞机无法起飞。原因是台风。
- Máy bay không thể bay. Nguyên nhân là bão.

確認問題 ▶答えは別冊 p.8

Q （　）の中に「で」か「から」か「が」を書いてください。

1. 試験（　　）心配（　　）夜寝られません。
2. エレベーター（　　）故障（　　）使えません。
3. 用事（　　）ある（　　）パーティーに行けません。
4. 事故（　　）道路（　　）混んでいます。
5. 頭（　　）痛い（　　）薬を飲みます。

1-3 手段を表す

何かをするための**手段や道具**を表します

- It expresses a means or tool in order to do something
- 表示做某件事时用到的方法或物品
- Diễn đạt phương tiện và dụng cụ để làm việc gì đó

バス で 会社に行きます。

バスという手段を使って会社に行きます。
- I go to work using a means called a bus.
- 用（乘坐）公交车这种方法去公司。
- Dùng phương tiện là xe buýt để đi đến công ty.

はさみ で 紙を切ります。

はさみという道具を使って紙を切ります。
- I cut paper using a tool called scissors.
- 利用剪刀这个物品裁纸。
- Dùng dụng cụ là kéo để cắt giấy.

確認問題 ▶ 答えは別冊 p.8

Q （　）の中に「で」か「を」を書いてください。

1. レポートは、パソコン（　　　）書きました。
2. タクシー（　　　）うちに帰ります。
3. メール（　　　）会議の連絡（　　　）します。
4. インターネット（　　　）アルバイトの情報（　　　）探します。
5. スープ（　　　）電子レンジ（　　　）温めます。

1-4 材料を表す で

何かを作るときに使う材料を表します

- It expresses the materials used to make something
- 表示制作某些东西时使用的材料
- Diễn đạt nguyên liệu, vật liệu sử dụng khi làm ra thứ gì đó

折り紙で つるを作りました。

つるを作りました。材料は折り紙です。

- I made a paper crane. The material is origami paper.
- 折了纸鹤。用的材料是纸张。
- Tôi đã làm con hạc giấy. Vật liệu là giấy gấp origami.

レタスとトマトで サラダを作ります。

サラダを作ります。材料はレタスとトマトです。

- I make a salad. The ingredients are lettuce and tomatoes.
- 做了沙拉。用的材料是生菜和西红柿。
- Tôi sẽ làm món salad. Nguyên liệu là rau diếp và cà chua.

確認問題 ▶ 答えは別冊 p.8

Q （ ）の中に「で」か「を」を書いてください。

1. 毛糸（　　　）セーター（　　　）編みます。
2. 親子丼はとり肉と卵（　　　）作ります。
3. 竹（　　　）かご（　　　）作りました。
4. このベッドは、段ボール（　　　）作りました。
5. 紙（　　　）飛行機（　　　）作ります。

2-1 関係を表す の

名詞と名詞をつないで、**後ろにある名詞を説明**します

- It connects two nouns and explains the latter noun
- 接在名词和名词之间，用来说明后面的名词
- Nối danh từ và danh từ để giải thích danh từ ở phía sau

東京 の 上野に住んでいます。

「上野」という場所について説明します。東京にある町です。

- It explains an area called "Ueno". It is a town in Tokyo.
- 对上野这个地方进行说明。是东京的街区。
- Giải thích về địa điểm gọi là "Ueno". Đây là thị trấn nằm ở Tokyo.

ピカソ の 絵を見ました。

絵について説明します。ピカソがかいた絵です。

- It explains a painting. It is a painting drawn by Picasso.
- 对画进行说明。是毕加索画的画。
- Giải thích về bức tranh. Đây là bức tranh do Picasso vẽ.

確認問題 ▶ 答えは別冊 p.8

Q （　）の中に「の」か「は」を書いてください。

1. 駅（　　）前にコンビニがあります。
2. 私（　　）運転免許を持っていません。
3. 先生（　　）リーさん（　　）作文を読みました。
4. これ（　　）先生（　　）めがねです。
5. めがね（　　）先生（　　）誰ですか。

2-2 同じであることを表す の

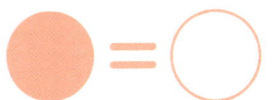

A と B が同じであることを表します

- It expresses that A and B are the same
- 表示A和B是同一个东西
- Diễn đạt rằng A và B là cùng một thứ

妹 の 花子です。

妹と花子は同じ人です。

- My younger sister and Hanako are the same person.
- 妹妹和花子是同一个人。
- Em gái và Hanako là cùng một người.

日本の首都 の 東京に住んでいます。

日本の首都と東京は同じ場所です。

- Japan's capital and Tokyo are the same place.
- 日本的首都和东京是同一个场所。
- Thủ đô của Nhật Bản và Tokyo là cùng một nơi.

確認問題 ▶ 答えは別冊 p.9

Q （　）の中に「の」か「が」を書いてください。

1. 社長（　　　）山口さんはお元気ですか。
2. 弟（　　　）社長になりました。
3. ふるさと（　　　）大阪に帰りました。
4. 終点（　　　）東京駅には9時に到着します。
5. 留学生（　　　）トムさんとジョンさん（　　　）家に遊びに来ます。

3 時間の経過を表す を

過ぎていく時間を表します

- It expresses passing time
- 表示已经过去的时间
- Diễn đạt thời gian sẽ đi qua

*経過：Passage、经过/通过、Quá trình

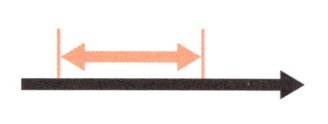

お盆を両親の家で過ごしました。

過ぎていく時間として「お盆」があります。
- "O-bon" is a time that passes.
- 表示"盂兰盆节"已经是过去的时间了。
- "Obon" là thời gian sẽ đi qua.

夏休みを海外で過ごすつもりです。

過ぎていく時間として「夏休み」があります。
- "Summer holidays" are a time that passes.
- 表示"暑假"已经是过去的时间了。
- "Kỳ nghỉ hè" là thời gian sẽ đi qua.

確認問題 ▶ 答えは別冊 p.9

Q （　）の中に「を」か「で」を書いてください。

1. 週末（　　）友達と映画（　　）見て過ごします。
2. 私は、病院（　　）高校2年生の1年間（　　）過ごしました。
3. 子ども時代（　　）海外（　　）暮らしました。
4. 寒い冬（　　）楽しく過ごしました。
5. 来月の長い休み（　　）過ごす場所（　　）決めました。

4-1 変化した結果を表す に

変化したあとの結果を表します

- It expresses the condition of a result after a change
- 表示产生了变化后的结果的状态
- Diễn đạt trạng thái là kết quả sau khi biến đổi

第2章

部屋がきれい に なりました。

な形容詞について、前と異なる状態に変化した結果を表します。

- It follows a 'na' form adjective to express the result of a change to a condition that differs from before.
- 接续在形容动词后面，表示前项发生变化后，产生了与之不同的结果。
- Gắn vào tính từ (な) hiển thị kết quả đã thay đổi thành trạng thái khác so với trước.

赤 に 変わりました。

名詞について、前と異なる状態に変化した結果を表します。

- It follows a noun to express the result of a change to a condition that differs from before.
- 接在名词后面，表示前项发生变化后，产生了与之不同的结果。
- Gắn vào danh từ hiển thị kết quả đã thay đổi thành trạng thái khác so với trước.

確認問題 ▶ 答えは別冊 p.9

Q （　）の中に「が」か「に」を書いてください。

1. 弟（　　）18歳（　　）なりました。
2. よく運動すると、病気（　　）なりにくいです。
3. あなたに出会って、私の人生（　　）変わりました。
4. 夜（　　）なって、雨（　　）雪（　　）変わりました。
5. 雨で、明日の試合（　　）中止（　　）なりました。

4-2 分母を表す に

割合の分母を表します

- It expresses the denominator of a ratio
- 表示分数的分母
- Diễn đạt mẫu số của tỷ lệ

1週間 に 3回アルバイトをしています。

「1週間」の中に、アルバイトの日が「3回」あります。

- Within "one week", days I go to a part-time work are "three times".
- 在"一周"之内，打工的次数为"3次"。
- Có "3 lần" là ngày làm thêm trong "1 tuần lễ".

日本人の4人 に 1人は高齢者です。

「4人」の中に、高齢者が「1人」います。

- Within "four people", there is "one person" who is elderly.
- 在"4人"里，老年人有"1人"。
- Có "1 người" là người cao tuổi trong số "4 người".

確認問題 ▶答えは別冊 p.9

Q （ ）の中に「に」か「で」を書いてください。

1. 4日（　　　）1回、洗濯します。
2. このレポートは4日間（　　　）書きました。
3. 5人（　　　）いっしょに食事をしました。
4. このクラスは、5人（　　　）4人が中国からの留学生です。
5. 100年（　　　）1度の大雪が降った。

4-3 目的を表す「に」

移動（行く・来るなど）の目的を表します

- It expresses the purpose of moving (going, coming, etc.)
- 表示移动〈前往、来到等〉的目的
- Diễn đạt mục đích của việc di chuyển <đi / đến, v.v.>

母は仕事に行きました。

行き先は言っていませんが、行く目的は仕事です。

- It doesn't say where the destination is, but the purpose of going is work.
- 没说目的地是哪里，但是去的目的是为了因公。
- Tuy không nói nơi sẽ đi đến, nhưng mục đích đi là vì công việc.

スーパーに買い物に行きます。

「スーパー」に行く目的は買い物です。「買いに行く」のように、動詞のます形も使えます。

- The purpose of going to the "supermarket" is shopping. The 'masu' form of a verb can be used, as in "to go buy".
- 去"超市"的目的是买东西。也可以使用动词ます型，比如"買いに行く（去买东西）"。
- Mục đích đi "siêu thị" là mua sắm. Cũng có thể dùng thể ます của động từ như "買いに行く".

確認問題 ▶ 答えは別冊 p.10

Q （　）の中に「に」か「で」を書いてください。

1. 父は仕事（　　）うちにいません。
2. 友達と2人（　　）食事（　　）出かけました。
3. 日本（　　）日本語の勉強（　　）来ました。
4. 忘れ物を取り（　　）学校（　　）戻ります。
5. 今日はタクシー（　　）海を見（　　）行きました。

4-4 当てはめる対象を表す に

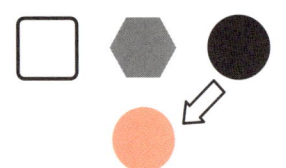

あるものを評価するときに当てはめる対象を表します

- It expresses the applicable subject when evaluating something
- 在评价某个事物时，表示该事物针对的对象
- Diễn đạt đối tượng được áp dụng khi đánh giá một vật nào đó

その服はあなた に 似合うと思います。

「あなた」を対象にして、その服が似合うかどうかを表します。

- It expresses whether or not the clothing suits, with "you" as the subject.
- 这件衣服很适合你，针对的对象是"你"。
- Diễn đạt trang phục đó có hợp hay không khi lấy "bạn" làm đối tượng.

運動は健康 に いいです。

「健康」を対象にして、運動がいいことを表します。

- It expresses that exercise is good, with "health" as the subject.
- 运动对健康很好，针对的对象是健康。
- Diễn đạt rằng tập thể dục là tốt khi lấy "sức khỏe" làm đối tượng.

 確認問題 ▶ 答えは別冊 p.10

Q （　）の中に「に」か「が」を書いてください。

1. 私は母（　　　）似ています。
2. 子どものときから目（　　　）よくないので、勉強のときはめがねをかけます。
3. スマホを長い時間見るのは、目（　　　）よくないです。
4. 学校（　　　）駅（　　　）近いと、便利です。
5. この靴は私（　　　）はちょっと大きいです。

5-1 原料を表す から

何かを作るときの出発点（原料）を表します

- It expresses the starting point when something can be done
- 表示某个成型的事物的原点
- Diễn đạt điểm bắt nguồn khi làm ra / tạo ra việc gì / thứ gì

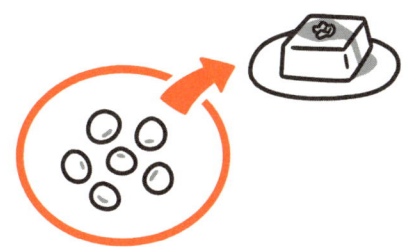

豆 から 豆腐を作ります。

豆腐を作るときの出発点は豆です。出来上がった豆腐を見ても、豆の形は見えません。

- Beans are the starting point when making tofu.
- 制作豆腐时的原点是豆子。
- Điểm bắt nguồn khi làm đậu phụ là đậu nành.

ペットボトルは石油 から 作られます。

ペットボトルを作るときの出発点は石油です。ペットボトルを見ても、石油は見えません。

- Oil is the starting point when making a PET bottle.
- 制作塑料瓶的原点是石油。
- Điểm bắt nguồn khi làm chai nhựa PET là dầu hỏa.

確認問題 ▶ 答えは別冊 p.10

Q （ ）の中に「から」か「で」か「を」を書いてください。

1 ぶどう（　　　）ワイン（　　　）作ります。

2 このベンチは、木（　　　）作りました。

3 牛乳（　　　）チーズやバターなど（　　　）作ります。

4 牛肉とピーマン（　　　）料理（　　　）作りました。

5 牛乳パック（　　　）トイレットペーパー（　　　）作ることができます。

5-2 判断の根拠を表す から

何かを判断するときの元となる根拠を表します

- It expresses the grounds that are the basis when determining something
- 表示对某事物做出判断时的根据
- Diễn đạt căn cứ cơ bản khi phán đoán việc gì đó

雲の動きから午後の天気を予想します。

雲の動きが、午後の天気を判断する根拠になります。

- The movement of clouds form the basis of determining the afternoon whether.
- 云的运动情况，是判断下午的天气的根据。
- Chuyển động của mây là căn cứ để phán đoán thời tiết buổi chiều.

アンケートの結果から若者の考え方がわかります。

アンケートの結果が、若者の考え方を判断する根拠になります。

- The results of the survey form the basis of determining young people's way of thinking.
- 问卷调查的结果，是判断年轻人思考方式的根据。
- Kết quả của bảng câu hỏi là căn cứ để phán đoán cách suy nghĩ của người trẻ.

確認問題 ▶答えは別冊 p.10

Q （　）の中に「が」か「を」か「から」を書いてください。

1. 実験の結果（　　）新しい事実（　　）わかりました。
2. 彼の話し方（　　）すると、仕事（　　）うまくいったようです。
3. 桜が咲く日（　　）気温の変化（　　）予想します。
4. 犬のしっぽの動き（　　）犬の気持ち（　　）わかります。
5. このデータ（　　）どんなこと（　　）言えますか。

5-3 遠い原因を表す から

原因の出発点を表します

- It expresses the starting point of a cause
- 表示原因的出发点
- Diễn đạt điểm bắt nguồn của nguyên nhân

小さなミス から 大きな事故が起きます。

事故の最初のきっかけになったのは小さなミスです。

- The start of an acctdent was a small mistake.
- 造成该事故的最初起因是一个很小的失误。
- Nguyên do ban đầu dẫn đến tai nạn đó là từ một lỗi nhỏ.

キャンプの火の消し忘れ から 山火事になりました。

山火事の最初のきっかけになったのはキャンプの火です。

- The start of a mountain wildfire was a campfire.
- 发生山林火灾（山火）的最初起因是野营篝火。
- Nguyên do ban đầu dẫn đến việc cháy rừng đó là do lửa trại.

確認問題 ▶ 答えは別冊 p.11

Q （ ）の中に「から」か「が」か「に」を書いてください。

1. うわさ話（　　　）大変なトラブル（　　　）なることがあります。
2. ちょっとした言葉（　　　）人との関係（　　　）変わります。
3. 小さな割れ目（　　　）大きなビル（　　　）崩れてしまった。
4. 小さなストレス（　　　）病気（　　　）なることがあります。
5. 大雨で川の形が変わったこと（　　　）生き物の種類（　　　）減りました。

6 比べる基準を表す より

あることを基準と比べてどうかを表します

- It expresses the result of comparing something to a standard
- 以某个事物为基准进行比较，表示比较的结果
- Diễn đạt xem khi so sánh một việc nào đó với tiêu chuẩn thì nó ra sao

＊基準：Criteria、标准、Tiêu chuẩn/ quy chuẩn

私の国　　日本

私の国は日本 **より** 人口が多いです。

「日本」と比べて、私の国の人口が多いことを表します。

- It expresses that the population of my country is larger compared to "Japan".
- 表示我国的人口比"日本"多。
- Hiển thị việc so với "Nhật Bản", dân số nước tôi đông hơn.

ねこのほうが犬 **より** 好きです。

「犬」と比べて、ねこがもっと好きなことを表します。

- It expresses that I like cats more, compared to "dogs".
- 表示比起"狗"，更喜欢猫。
- Diễn đạt việc thích mèo hơn nhiều so với "chó".

確認問題 ▶答えは別冊 p.11

Q （　）の中に「より」か「に」を書いてください。

1. 1人で食べる（　　　）みんなで食べるほうがおいしいです。
2. このピザは1人で食べる（　　　）は大きすぎます。
3. 日本語で話すことは、書くこと（　　　）は得意です。
4. あの先生の授業は、私（　　　）は難しいです。
5. 友達を誘う（　　　）誘われるほうが多いです。

7-1 2つ以上のものを並べる

同じレベルのものを全部表します

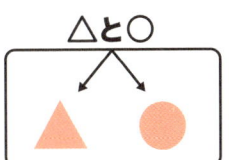

- It expresses all things at the same level
- 表示全部的同等级的事物
- Diễn đạt tất cả vật cùng mức độ

第2章

| スーパーでパンと牛乳を買いました。 |

パンと牛乳だけ買いました。これで全部です。

- I bought bread and milk only. This is everything.
- 只买了面包和牛奶。这就是（购买的）全部（的东西）了。
- Tôi đã chỉ mua bánh mì và sữa tươi. Như vậy là tất cả.

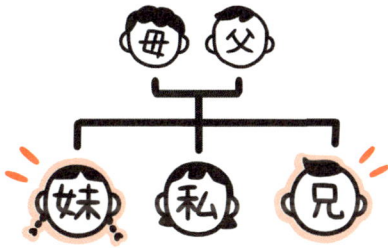

| 私には兄と妹がいます。 |

兄弟は兄と妹だけです。ほかにはいません。

- My siblings are an older brother and younger sister only. I do not have any others.
- 我的兄弟姐妹只有哥哥和妹妹。没有其他的兄弟姐妹了。
- Về anh chị em, tôi chỉ có anh trai và em gái. Không còn ai khác nữa.

確認問題 ▶ 答えは別冊 p.11

Q （　）の中に「と」か「が」を書いてください。

1. うちで犬（　　　）鳥を飼っています。
2. あそこでねこ（　　　）魚を食べています。
3. 先生（　　　）リンさんをほめました。
4. 来週、母（　　　）妹（　　　）日本に来ます。
5. 先生（　　　）みんなの前で、私（　　　）キムさんの作文を紹介してくれました。

7-2 同じかどうかの基準*を表す と

あるものがほかのものと同じかどうかを表します

- It expresses whether something is the same as something else
- 表示某个事物是否和其他事物相同
- Diễn đạt xem một vật có giống với một vật khác không

*基準：Criteria、标准、Tiêu chuẩn/ quy chuẩn

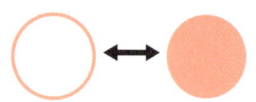

彼女のスマホは私の と 同じです。

「私のスマホ」を基準にして、「彼女のスマホ」が同じかどうかを表します。

- It expresses whether "her smartphone" is the same or not, using "my smartphone" as the standard.
- 以"我的手机"为基准，表示"她的手机"是否和我的相同。
- Diễn đạt xem "điện thoại thông minh của cô ấy" có giống hay không khi lấy "điện thoại thông minh của tôi" làm tiêu chuẩn.

この写真の色は実物 と 異なります。

「実物」を基準にして、「この写真の色」が同じかどうかを表します。

- It expresses whether "the colors of this photo" are the same or not, using "the actual objects" as the standard.
- 以"实际的物品"为基准，表示"这张照片的颜色"是否和实物相同。
- Diễn đạt xem "màu của bức ảnh này" có giống hay không khi lấy "vật thật" làm tiêu chuẩn.

確認問題 ▶答えは別冊 p.12

Q （　）の中に「と」か「より」を書いてください。

1. 私はどちらかといえば、母（　　　）父に似ています。

2. 私は姉（　　　）とても似ています。

3. スポーツを見るの（　　　）するのは違います。

4. スポーツを見る（　　　）するほうが好きです。

5. あの人が食べている料理（　　　）同じものをください。

7-3 言葉を引用*する と

話や考えなどの具体的な言葉・呼び方を表します

- It expresses the specific word or way of calling something being said, thought, etc
- 表示说话或思考的具体内容、称呼
- Diễn đạt từ ngữ / cách gọi cụ thể ví dụ như câu chuyện, và suy nghĩ, v.v

*引用：Quote、引用、Trích dẫn

間違えて、先生にうるさい と 言ってしまいました。

「うるさい」は、私が先生に言った具体的な言葉です。

- "Shut up" is the specific words I said to the teacher.
- "你好烦" 是我对老师说的话的具体内容。
- "うるさい" là từ ngữ cụ thể tôi đã nói với giáo viên.

「檸檬」は「れもん」 と 読みます。

「れもん」は、「檸檬」の読み方です。具体的な音（呼び方）を表すときにも使います。

- "Lemon" is how to read these kanji characters. It is also used when expressing a specific sound (way of calling).
- "れもん" 是 "檸檬" 的读音。表示具体发音 (称呼) 时也可以使用这个助词。
- "れもん" là cách đọc của "檸檬". Cũng sử dụng khi diễn đạt âm thanh (cách gọi) cụ thể.

確認問題 ▶ 答えは別冊 p.12

Q （　）の中に「と」か「を」を書いてください。

1. この服は、かわいい（　　　）思います。

2. あなたの意見（　　　）言ってください。

3. 朝、人に会ったら、「おはよう」（　　　）言いましょう。

4. この果物は、日本語で何（　　　）言いますか。

5. あの人が何（　　　）考えているか、わかりません。

8 例を表す や

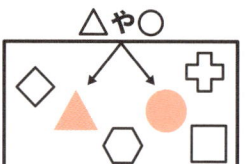

いくつかあるものから、例を表します

- It expresses an example from amongst several things
- 表示从某几个事物中举例的对象
- Diễn đạt ví dụ từ một số vật nào đó

スーパーでパン や 牛乳を買いました。

パンと牛乳は例です。ほかにも買いました。

- Bread and milk are examples. I bought other things, too.
- 面包和牛奶就是例子。还买了其他的东西。
- Bánh mỳ và sữa là ví dụ. Tôi cũng đã mua những thứ khác.

リンさん　張さん

教室にリンさん や 張さんがいます。

リンさんと張さんは例です。ほかの人もいます。

- Lynn and Zhang are examples. Other people are also present.
- 小林和小张是示例。还有其他的人。
- Rin và Cho là ví dụ. Còn có những người khác.

確認問題 ▶答えは別冊 p.12

Q （　）の中に「や」か「と」を書いてください。

1. 私は犬（　　　）ねこなどの動物が好きです。

2. うちに犬（　　　）ねこが1匹ずついます。

3. 日曜日は、うちで掃除（　　　）洗濯をしました。

4. 先週の日曜日に、父（　　　）母（　　　）3人でレストランに行きました。

5. 私は運動が苦手ですが、寒い場所で育ったので、スキー（　　　）スケートだけはできます。

第3章

確認しよう
助詞の使い分け

総合練習問題 ▶答えは別冊 p.14

― 第**1**回 ―（　）に入れるのに最もよいものを、一つ選んでください。

1 車の下（　）ねこが出てきました。
　①で　　②を　　③に　　④から

2 この帽子は、姉（　）のプレゼントです。
　①から　　②に　　③が　　④で

3 父は子ども時代（　）外国で暮らしたそうです。
　①が　　②を　　③へ　　④で

4 隣の席の人と友達（　）なりました。
　①を　　②に　　③が　　④で

5 毎年、神社に続くこの道（　）お祭りがあります。
　①に　　②を　　③で　　④が

6 机の下に消しゴム（　）落ちていますよ。
　①は　　②が　　③を　　④に

7 屋上（　）上って、夕焼けを見ました。
　①に　　②で　　③を　　④へ

8 小さなトラブル（　）仕事を失ってしまうことがあります。
　①が　　②は　　③を　　④から

9 この書類は、ボールペン（　）書いてください。
　①が　　②に　　③を　　④で

10 この道（　）まっすぐ行くと、駅があります。
　①が　　②を　　③に　　④で

11 足をけがした人（　　）電車に乗ってきたので、席を譲りました。
　　①に　　　②で　　　③が　　　④を

12 今から15時（　　）授業があります。
　　①より　　②に　　　③まで　　④までに

13 料理をするのは、後片付け（　　）楽しいです。
　　①が　　　②より　　③と　　　④に

14 甘いものを食べ過ぎるのは、体（　　）よくないです。
　　①が　　　②で　　　③から　　④に

15 日本の旅行会社（　　）働いています。
　　①は　　　②が　　　③で　　　④に

16 「書く」は「描く」（　　）同じ意味ですか。
　　①が　　　②と　　　③に　　　④の

17 この大学は3人（　　）1人が留学生です。
　　①の　　　②で　　　③に　　　④が

18 このビル（　　）1階にコンビニがあります。
　　①が　　　②で　　　③の　　　④に

19 2時間（　　）誕生日のケーキを作りました。
　　①に　　　②で　　　③が　　　④まで

20 友達がテレビ（　　）出ていて、びっくりしました。
　　①に　　　②を　　　③で　　　④が

総合練習問題 ▶答えは別冊 p.15

—第2回— （　）に入れるのに最もよいものを、一つ選んでください。

1　授業のあと学校を出て、17時（　）アルバイト先に着きました。
　　① が　　　② に　　　③ まで　　　④ で

2　これ（　）誰のハンカチですか。
　　① が　　　② を　　　③ は　　　④ に

3　明日の夜はアルバイト（　）うちにいません。
　　① が　　　② に　　　③ で　　　④ から

4　あそこにいる長い髪（　）女の子は、リサちゃんです。
　　① が　　　② で　　　③ は　　　④ の

5　うちに友達（　）呼んで、パーティーをしました。
　　① に　　　② で　　　③ が　　　④ を

6　日本酒は米（　）作ります。
　　① が　　　② に　　　③ を　　　④ から

7　学生のとき、アメリカ（　）生活していました。
　　① で　　　② を　　　③ に　　　④ の

8　このTシャツは2枚（　）3000円です。
　　① が　　　② を　　　③ で　　　④ と

9　7時に家（　）出て、会社へ行きます。
　　① が　　　② を　　　③ に　　　④ で

10　この漢字は何（　）読みますか。
　　① で　　　② の　　　③ を　　　④ と

11 自転車（　　）大学に通っています。

　①と　　　②で　　　③に　　　④を

12 鈴木さん（　　）友達と２人でうちに遊びに来ました。

　①が　　　②と　　　③の　　　④や

13 ねこの鳴き声（　　）元気かどうかがわかります。

　①より　　②を　　　③から　　④と

14 母の日に、母（　　）花束をあげました。

　①を　　　②に　　　③から　　④へ

15 引っ越して、住所（　　）変わりました。

　①が　　　②を　　　③に　　　④で

16 昼休みになると、ビルの入り口（　　）人がたくさん出てきます。

　①が　　　②を　　　③から　　④で

17 夏休み（　　）沖縄で過ごすつもりです。

　①が　　　②を　　　③で　　　④と

18 虫がどこか（　　）飛んでいきました。

　①まで　　②で　　　③を　　　④へ

19 友達（　　）話し合いながら私たちの発表の準備をしました。

　①が　　　②を　　　③と　　　④に

20 子どものころはよくプール（　　）泳ぎました。

　①が　　　②を　　　③に　　　④で

総合練習問題 ▶答えは別冊 p.16

— 第3回 — （　）に入れるのに最もよいものを、一つ選んでください。

1　大学の先生に会い（　）行きます。
　①と　　②に　　③が　　④で

2　朝6時に旅館（　）出て、山登りをしました。
　①を　　②に　　③から　　④で

3　あそこ（　）花が咲いていますよ。
　①で　　②に　　③まで　　④を

4　娘（　）雪子が来月結婚することになりました。
　①が　　②を　　③に　　④の

5　授業が始まる9時（　）教室にいなければなりません。
　①は　　②まで　　③までに　　④で

6　階段（　）上って、5階に行きます。
　①に　　②を　　③で　　④へ

7　渋滞（　）飛行機に乗り遅れました。
　①が　　②に　　③で　　④から

8　将来、好きな人（　）結婚したいと思っています。
　①が　　②を　　③に　　④と

9　祖父が入院したので、病院（　）会いに行きました。
　①に　　②と　　③で　　④から

10　スピーチ大会の前に、日本語の先生（　）原稿をチェックしてもらいました。
　①が　　②を　　③に　　④から

11	石油（　　）薬を作っています。
	①が　　②を　　③に　　④から

12	大学（　　）卒業したら、日本で働きたいです。
	①で　　②を　　③に　　④から

13	ユウさん、先生（　　）呼んでいるよ。早く行ったほうがいいよ。
	①が　　②を　　③に　　④で

14	ちょっとした不注意（　　）大きな事故が起きることがあります。
	①が　　②は　　③を　　④から

15	肉と野菜（　　）お弁当のおかずを作りました。
	①が　　②に　　③で　　④から

16	1週間（　　）2日アルバイトをしています。
	①が　　②に　　③で　　④の

17	さっき、何（　　）考えていましたか。
	①で　　②を　　③の　　④と

18	私は山本さん（　　）キムさんと3人でご飯を食べました。
	①が　　②を　　③と　　④の

19	秋になると、公園の木々が赤（　　）黄色に変わってとてもきれいです。
	①が　　②や　　③と　　④の

20	A：3つデザインを考えたのですが、どうでしょうか。 B：そうですね。これ（　　）一番いいと思います。
	①が　　②は　　③を　　④に

総合練習問題 ▶ 答えは別冊 p.17

—第4回— （　）に入れるのに最もよいものを、一つ選んでください。

1 うどん（　）ラーメンなどの麺類が好きです。

① が　　②と　　③の　　④や

2 弟は父（　）似ています。

① が　　②で　　③に　　④から

3 山下さんの声の大きさ（　）自信があることがわかります。

① を　　②と　　③から　　④までに

4 この活動は1グループ3人（　）行います。

① を　　②で　　③に　　④の

5 実際にやるのは、見るの（　）違います。

① が　　②に　　③は　　④と

6 自分の考えを上司（　）伝えるのは、簡単ではありません。

① が　　②に　　③で　　④と

7 将来は外国（　）生活してみたいです。

① が　　②を　　③に　　④で

8 友達の結婚式（　）出席しました。

① が　　②を　　③に　　④で

9 強い風（　）止めてあった自転車が倒れました。

① が　　②を　　③で　　④から

10 出かける（　）うちにいるほうが好きです。

① が　　②より　　③と　　④に

11 ずっと子ども（　）の連絡がないと、親は心配します。

①が　　②に　　③へ　　④から

12 鳥が木の枝（　）止まっています。

①に　　②を　　③へ　　④で

13 兄は朝8時に家（　）出たきり、夜になっても戻ってきません。

①で　　②に　　③を　　④から

14 試験の受付が始まったので、受けたい人は10日（　）申し込んでください。

①まで　　②までに　　③で　　④より

15 パスポートはどこ（　）しまってありますか。

①が　　②を　　③に　　④で

16 免許を取ったら、友達（　）乗せて、ドライブに行きたいです。

①が　　②を　　③に　　④で

17 目的地（　）京都に、何時に着きますか。

①が　　②は　　③で　　④の

18 新聞紙（　）ゴミ箱を作りました。

①が　　②を　　③に　　④で

19 すみません、この食べ物（　）何ですか。

①が　　②は　　③を　　④に

20 最近ずっとうちにいるので、ちょっと遠く（　）出かけたいです。

①が　　②で　　③を　　④に

【著者紹介】

家田章子（いえだ　しょうこ）

麗澤大学国際学部准教授。名古屋大学大学院文学研究科日本言語文化専攻博士後期課程修了（博士（学術））。国際交流基金派遣青年日本語教師（インドネシア）、名古屋外国語大学日本語教育センター、桜美林大学基盤教育院などを経て現職。

中村かおり（なかむら　かおり）

拓殖大学外国語学部准教授。マレーシア・マラ教育財団日本留学予備教育センター、国際交流基金日本語教育派遣専門家（マレーシア）、拓殖大学別科、東京大学日本語教育センター、麗澤大学日本語教育センターなどを経て現職。麗澤大学で著者の家田と意気投合し、助詞のアニメーション開発に取り組む。

イメージでわかる！日本語の助詞

2022年12月20日　初版第1刷発行
2023年 3 月 1 日　初版第2刷発行

著者	家田章子、中村かおり
イラスト	うてのての、TORI_motion
アニメーション	TORI_motion
翻訳	株式会社アミット
DTP	有限会社ブルーインク
印刷・製本	日経印刷株式会社
編集	秦野由衣
装丁・本文デザイン	藤原由貴
発行人	天谷修身
発行	株式会社アスク 〒162-8558 東京都新宿区下宮比町 2-6 TEL: 03-3267-6864　FAX: 03-3267-6867

乱丁、落丁本はお取り替えいたします。許可なしに転載、複製することを禁じます。

© Ieda Shoko, Nakamura Kaori 2022
Printed in Japan　ISBN 978-4-86639-540-1

アンケートにご協力ください（https://www.ask-books.com/support/）

イメージでわかる！
日本語の助詞

Understanding Japanese Particles from Their Image
通过印象去理解！日语的助词
Trợ từ tiếng Nhật. Nhìn hình là hiểu!

第1章

1 は&が 練習問題　p.21

1 が
「お金」が新しくて、大事な情報です。

2 は
富士山は日本で有名な山です。富士山よりも「日本で一番高い山」のほうが言いたいことです。

3
①は
話す人も聞く人も「あの人」を見ています。両方わかっている情報です。

②は
「トムさん」の名前はもうわかっています。「Fクラスの学生」のほうが言いたいことです。

4
①は
話す人も聞く人も「この字」を見ています。両方わかっている情報です。

②が
「誰」は新しく知りたい大事な情報です。

③が
「ヨウさん」が新しくて、大事な情報です。

④は
「ヨウさん」の名前はもうわかっています。「中国の学生」のほうが言いたいことです。

5
①が
「何」が新しく知りたい大事な情報です。

②が
「焼肉」が新しくて、大事な情報です。

③は
「焼肉」のことはもうわかっています。「私も好き」のほうが言いたいことです。

6
①が
「テスト」が新しくて、大事な情報です。

②は
「テスト」のことはもうわかっています。「難しいですか」のほうが言いたいことです。

③が
「漢字」が新しくて、大事な情報です。

2 が&を 練習問題　p.25

1 が
「女の子」は「読んでいます」の主語です。

2 が
「犬」は「走っています」の主語です。

3
①が
「女の子」は「あげました」の主語です。

②を
「花」は「あげました」の対象です。

4 が
「鼻水」は「出ています」の主語です。

5
①が
「部屋の電気」は「ついています」の主語です。

②が
「誰」は「つけました」の主語です。「誰が部屋の電気をつけましたか。」という文ですが、「部屋の電気」は言わなくてもわかります。

6
①を
「自転車」は「止める」の対象です。主語は聞く人（＝あなた）ですが、「〜ないでください」というときには主語を言わなくてもわかります。

②が
「人」は「歩けません」の主語です。

7

①を
「電話」は「かけている」の対象です。

②が
「学生」は「います」の主語です。そして、「かけている」の主語でもあります。「学生が電話をかけています」と「学生がいます」という2つの文が1つになっています。

8

①が
「みんな」は「帰った」の主語です。

②を
「部屋」は「片付けます」の対象です。「片付けます」の主語は「私」です。言わなくてもわかるときは、主語を言いません。

9

①が
「ねこ」は「汚しました」の主語です。

②を
「女の人の服」は「汚しました」の対象です。

10

①が
「女の人」は「汚されました」の主語です。⑨の文が受身になると、主語が変わります。

②を
「服」は「汚されました」の対象です。

③ に&で 練習問題 p.29

1 に
ホテルにくっついているイメージです。朝までそこから動きません。地図の上のホテルにマークをつけるイメージです。

2 で（に）
・で：タクシーの中で運転手に、「降りたいから、止まってほしい」と伝えます。ブレーキを踏んで、車を止めるイメージです。動画のようです。

・に：車を「駐車する」イメージがあります。車がずっと動かないイメージです。写真のようなイメージです。

3 で
飛行機に乗っている間に飛行機の中でする動きです。「に」を使うと、飛行機の上（外）にくっついているイメージです。危ないです。

4 に
おなかを見てもらうためにベッドにくっつくイメージです。寝たあと、動きません。「で」を使うと、夜寝るときのように何時間も過ごすイメージです。

5 で
「生活する」は「学校へ行く」「仕事をする」「買い物をする」など、いろいろ動いているイメージです。動画のようです。

6 に
「住む」は地図の上に家があるイメージです。動きません。

7 で
地震は出来事です。

8 に
花は動きません。写真のようなイメージです。

9 に
かぎは動きません。そのままずっとそこにあります。

10 で
「話す」は動いています。動画のようです。

④ で&を 練習問題 p.33

1 で
限られたところでかきます。

2 で（を）

- で：限られた空間（同じ場所）です。「で」を使うことが多いです。
- を：大きい部屋など、たくさん移動していて、話す人が見ているところから、すぐにいなくなるイメージがあります。

3 を

飛行機はほかのところに行きます。「飛びます」という言葉にも、ここからほかのところに行くイメージがあります。

4 を

ここからほかのところ（公園）に行きます。

5 を（で）

- を：角は道が曲がっているところで、ほかのところへ行くイメージがあります。「を」を使うことが多いです。
- で：「曲がる場所はここです」と言いたいときは「で」と言うこともできます。

6 を

日本からほかのところ（アメリカ）に行きます。

7 で

人はふつう限られたところで、楽しむために泳ぎます。ほかのところへ行きません。

8 を

ここからほかのところ（コンビニ）に行きます。

9 で

日本国内だけです。ほかの国へ行きません。

10 を（で）

- を：始まりと終わりが違うとき、ずっと同じところではないと言いたいときは「を」です。
- で：散歩のために車などで移動してきて、ずっと同じところにいると言いたいときは「で」でもいいです。

---

5 を＆に　練習問題　p.37

1 に
試合に参加するイメージです。

2

①に
「乗る」はほかのところから来てバスの空間に入るイメージです。

②を
「降りる」はバスから離れるイメージです。

3 を
家という場所から離れるイメージです。

4

①に
ほかのところから来て、ロッカーにくっつくイメージです。

②に
ほかのところから来て、プールの空間に入るイメージです。

5

①を
高校という場所（高校のメンバー）から離れるイメージです。

②に
ほかのところから来て日本という空間に入るイメージです。

6 に
ほかのところから来てボランティア活動に参加するイメージです。

7

①を
東京から離れるイメージです。

②に
ほかのところから来て京都という空間に入るイメージです。

8 に
ほかのところから来て海外という空間に入るイメージです。

9 に
体の一部が馬にくっつくイメージです。

10 を
体の一部（おしり）がいすから離れるイメージです。

6 まで&に　練習問題　p.41

1 まで
月曜日に始まった授業が金曜日に終わります。その間ずっと授業があります。

2 に
金曜日を短い時間（＝点）と考えます。

3 までに
今からあさっての間に1度、出すことを表します。

4 に
瞬間的な時間を表します。

5 までに
夜11時までずっと続いている時間の間に、ベッドに行くことを表します。

6 まで
寝てから朝10時の間、ずっと寝続けています。

7 まで
うちから隣の駅の間の道を、ずっと歩きます。

8 に
夏休みを短い時間（＝点）と考えます。

9 までに
授業の始まりまでずっと続いている時間の間に、買うことを表します。

10 まで
友達がいない間、ずっと待っています。

7 から&を　練習問題　p.45

1 から
穴を離れるときの動きに注目しています。

2 を
高校を離れて、もうそこにはいません。

3 から
テントを離れるときの動きに注目しています。

4 を
会社を離れて、もうそこにはいません。

5 を
ホテルを離れて、そこから移動したというイメージです。もうそこにはいないことを言いたいです。

6 から
建物を離れるという動作をするのは危険です。建物から外に出る動きに注目しています。

7 から
部屋を離れるときの動きに注目しています。

8 を
広島駅を離れて、もうそこにはいません。

9 から
家を離れて寒い外に出るのは嫌です。家から外に出る動きに注目しています。

10 を
家を離れて、もうそこにはいません。家族とは別の家に住みます。

8 へ&に　練習問題　p.49

1 へ
上ったあと、風船がどこにあるかわかりません。

2 に
登ったあと、富士山の頂上にいるイメージです。

3 に
いすを出したあと、いすが部屋の外にあるイメージです。「へ」はどこに行くかわからないように投げるイメージになるので、危ないです。

4 へ
鳥が飛んだあと、どこにいるかわかりません。

5 に
虫が飛んだあと、私の頭に止まりました。

6 へ
男の人が逃げたあと、どこにいるかわかりません。

7 に
私は友達のうちに行ったあと、そこにいます。

8 へ（に）
- へ：どこに行くかはっきりわかりませんが、ここを離れるイメージです。
- に：どこに行くかはっきりするイメージです。「どこか」があるので、「へ」のほうが文のイメージに合います。

9 に
帰ったあと、うちにいます。うちから電話します。

10 へ
進んだあと、どこにいるかわかりません。ここを離れて、向かう方向を言います。

9 から＆に 練習問題　p.53

1 に
「友達」は本を受け取る人です。

2 に／から
「姉」はチケットを与える人です。

3 から
「両親」はドレスを与える人です。動詞がない名詞修飾*では、「に」は使えません。

*名詞修飾：Noun modification、名词修饰、Danh từ bổ ngữ

4 に
「弟」は「読む」ことを受け取る人です。

5 に
「母」は花束を受け取る人です。

6 へ
「父」は手紙を受け取る人です。動詞がない名詞修飾では、「に」は使えません。

7 に／から
「友達」はケーキを与える人です。

8 に
「事務の人」は「見る」ことを与える人です。「〜てもらう」の文では、「から」を使いません。

9 へ
「先生」は連絡を受け取る人です。動詞がない名詞修飾では、「に」は使えません。

10 から
「恋人」は連絡を与える人です。動詞がない名詞修飾では、「に」は使えません。

10 と＆に 練習問題　p.57

1 と
私も友達もたくさん話します。

2 に
私は秘密があって、友達に教えます。友達は聞

きます。

3 に
私が先生のところに行きます。先生は待っています。

4 と
私も先輩も会うために喫茶店に行きます。

5 と
私も隣の人もお互いのほうを向きます。

6 と
私もみんなもお互いに協力します。

7 に
私が結婚のことを言いました。友達はそれを聞きました。

8 と
私も両親も留学について意見を言いました。

9 と
私も友達もお互いに悪口を言ったりたたいたりしました。けんかは1人ではできません。

10 に
私が感謝の気持ちを祖母に言います。祖母は聞きます。

第 2 章

1-1 範囲を表す「で」 確認問題　p.60

1 を・で
レポートを書きました。3時間という限定された時間で書きました。

2 まで・で
駅まで歩きます。10分という限定された時間で歩くことができます。

3 で
範囲はかかったお金全部です。

4 で
アメはたくさんあります。5個（限定された数）の値段は100円です。

5 を・で
ビルを建てました。半年という限定された時間で建てました。

1-2 原因を表す「で」 確認問題　p.61

1 が・で
夜寝られません。原因は試験が心配なことです。

2 が・で
エレベーターが使えません。原因は故障です。

3 が・から
パーティーに行けません。理由は用事があることです。「ある」は動詞です。「で」は使えません。

4 で・が
道路が混んでいます。原因は事故です。

5 が・から
薬を飲みます。理由は頭が痛いことです。「痛い」はい形容詞です。「で」は使えません。

1-3 手段を表す「で」 確認問題　p.62

1 で
レポートを書きました。パソコンという道具を使いました。

2 で
うちに帰ります。タクシーという手段を使います。

3 で・を
会議の連絡をします。メールという手段を使います。

4 で・を
情報を探します。インターネットという手段を使います。

5 を・で
スープを温めます。電子レンジという道具を使います。

1-4 材料を表す「で」 確認問題　p.63

1 で・を
セーターを編みます。材料は毛糸です。

2 で
親子丼を作ります。材料はとり肉と卵です。

3 で・を
かごを作りました。材料は竹です。

4 で
ベッドを作りました。材料は段ボールです。

5 で・を
飛行機を作ります。材料は紙です。

2-1 関係を表す「の」 確認問題　p.64

1 の

「前」を詳しく説明しています。駅の前です。

2 は
「私」が話題です。私について説明します。

3 は・の
「先生」が話題です。先生が作文を読みます。リーさんが書いた作文です。

4 は・の
「これ＝めがね」が話題です。このめがねは先生が使っています。

5 の・は
先生について質問します。めがねをかけている先生は誰ですか。名前が知りたいです。

2-2 同じであることを表す「の」 確認問題 p.65

1 の
「社長＝山口さん」が元気かどうか聞いています。

2 が
「弟」は主語です。

3 の
「ふるさと＝大阪」に帰りました。

4 の
9時に「終点＝東京駅」に到着します。

5 の・が
「留学生＝トムさん（とジョンさん）」が家に来ます。

3 時間の経過を表す「を」 確認問題 p.66

1 を・を
過ぎていく時間として「週末」があります。

2 で・を
過ぎていく時間として「高校2年生の1年間」があります。

3 を・で
過ぎていく時間として「子ども時代」があります。

4 を
過ぎていく時間として「寒い冬」があります。

5 を・を
過ぎていく時間として「来月の長い休み」があります。

4-1 変化した結果を表す「に」 確認問題 p.67

1 が・に
「弟」が主語で、「18歳」は変化したあとの状態です。

2 に
「病気」は変化したあとの状態です。

3 が
「私の人生」は主語です。変化したあとの状態は説明されていません。

4 に・が・に
「夜」と「雪」は変化したあとの状態です。「雨」は主語です。

5 が・に
「試合」が主語で、「中止」は変化したあとの状態です。

4-2 分母を表す「に」 確認問題 p.68

1 に
「4日」の中に、洗濯する日が「1回」あります。

2 で
4日間という限定された時間で書きました。

3 で
5人という限定された人と食べました。

4 に
「5人」の中に、中国からの留学生が「4人」います。

5 に
「100年」の中に、大雪の日が「1度」あります。大雪は雪がたくさん降ることです。

4-3 目的を表す「に」 確認問題 p.69

1 で
「仕事」は、父がうちにいない原因です。

2 で・に
2人という限定された範囲を表します。「食事」は目的です。

3 に・に
「日本」は来る場所で、「日本語の勉強」は目的です。

4 に・に
「学校」は戻る場所で、「忘れ物を取る」ことは目的です。

5 で・に
「タクシー」は手段で、「見る」は目的です。

4-4 当てはめる対象を表す「に」 確認問題 p.70

1 に
「母」を対象にして、似ていることを表します。

2 が
「目」は「よくない」の主語です。

3 に
「目」を対象にして、よくないことを表します。

4 が・に
「学校」は主語で、「駅」を対象にして、近いことを表します。

5 に
「私」を対象にして、大きいことを表します。「私には」の「は」は、ほかの人ではなく、「私」を対象にしていることを表します。

5-1 原料を表す「から」 確認問題 p.71

1 から・を
ぶどうはワインの原料です。出来上がったワインを見てもぶどうの形は見えません。

2 で
木はベンチの材料です。ベンチを見ると、木で作ったことがわかります。

3 から・を
牛乳はチーズやバターの原料です。出来上がったチーズやバターを見ても、牛乳は見えません。

4 で・を
牛肉とピーマンは料理の材料です。出来上がった料理を見ると、牛肉やピーマンが見えます。

5 から・を
牛乳パックはトイレットペーパーの原料です。出来上がったトイレットペーパーを見ても牛乳パックの形は見えません。

5-2 判断の根拠を表す「から」 確認問題 p.72

1 から・が
実験の結果は新しい事実の根拠です。

2 から・が

彼の話し方は、仕事がうまくいったと思う根拠です。

3 を・から
気温の変化は桜が咲く日を予想する根拠です。

4 から・が
しっぽの動きは犬の気持ちを考えるときの根拠です。

5 から・が
このデータは分析（言えること）の根拠です。

5-3 遠い原因を表す「から」 確認問題 p.73

1 から・に
うわさ話は、大変なトラブルの遠い原因です。うわさは本当かどうかわかりません。でも、例えば、悪いうわさを「本当だ」と信じると、だんだん問題が大きくなることがあります。

2 から・が
人との関係が変わる遠い原因は「ちょっとした言葉」です。例えば、その言葉がきっかけでその人と話すようになって、仲良くなることがあります。

3 から・が
大きなビルが崩れた遠い原因は「小さな割れ目」です。最初は小さな割れ目でした。それが原因で、別のところが壊れて、それがまた原因になってもっと大きな問題が生まれました。そして最後にはビルが崩れてしまいました。

4 から・に
小さなストレスは、病気の遠い原因です。ストレスが原因で体の調子が少し悪くなります。そしてそれがもっと大きいトラブルになります。そして病気になってしまいます。

5 から・が
生き物の種類が減った原因は「川の形が変わったこと」です。川の形が変化して、食べ物や住む場所が少なくなって、生き物の種類が少なくなりました。

6 比べる基準を表す「より」 確認問題 p.74

1 より
「1人で食べること」と比べて、「みんなで食べること」がもっとおいしいことを表します。

2 に
「1人で食べること」を対象にして、「ピザが大きすぎること」を表します。

3 より
「書くこと」と比べて、「日本語で話すこと」が、少し得意なことを表します。

4 に
「私」を対象にして、「授業が難しいこと」を表します。

5 より
「友達を誘うこと」と比べて、「誘われること」がもっと多いことを表します。

7-1 2つ以上のものを並べる「と」 確認問題 p.75

1 と
「飼っている」の主語は私です。「犬」と「鳥」の両方を飼っています。

2 が
「食べています」の主語は「ねこ」です。「魚」を食べます。

3 が

「ほめました」の主語は「先生」です。「リンさん」をほめました。先生に対して「ほめる」は使わないので、「(私が)先生とリンさんをほめる」は使えません。また、「先生と(いっしょに私が)リンさんをほめる」は、先生と私が同じレベルになるので、おかしいです。

4 と・が（が・と）

「母」と「妹」がいっしょに日本に来ます。「母と妹が」の場合は、2人が同じレベルというイメージです。「母が妹と」にすると、母が中心で、妹を連れてくるという意味になります。

5 が・と

「紹介しました」の主語は「先生」です。「私とキムさんの作文」を紹介しました。

7-2 同じかどうかの基準を表す「と」　確認問題 p.76

1 より

「母」と比べて、「父」にもっと似ていることを表します。

2 と

「姉」を基準にして、「私」が似ていることを表します。

3 と

「スポーツを見るの」を基準にして、「するの」が違うことを表します。「スポーツを見るのは、するのと違います」という言い方もできますが、そのときは、基準が変わります。

4 より

「スポーツを見ること」と比べて、「すること」がもっと好きなことを表します。

5 と

「あの人が食べている料理」を基準にして、同じものがほしいことを表します。

7-3 言葉を引用する「と」　確認問題 p.77

1 と

私が思うことの具体的な言葉は「かわいい」です。

2 を

あなたに言ってほしいことは「意見」ですが、具体的な言葉ではありません。「あなたの意見と言ってください」の場合、「あなたの意見」という具体的な言葉を言ってほしいという意味になります。

3 と

言うことの具体的な言葉は「おはよう」です。

4 と

日本語でこの果物の具体的な呼び方がわかりませんから、「何と」と質問します。

5 を

あの人が考えていることはわかりません。具体的な言葉ではなく、「勉強のことを考える」「恋人のことを考える」など、大きいテーマを表すときには「を」を使います。

8 例を表す「や」　確認問題 p.78

1 や

「など」と書いてあるので、「犬」と「ねこ」は例です。ほかの動物も好きです。

2 と

「犬」1匹と「ねこ」1匹だけいます。ほかの動物はいません。

3 や（と）

- や：「掃除」と「洗濯」は例です。ほかのこともしました。
- と：「と」を使うと、掃除と洗濯だけで、ほかのことはしていないことを強調します。

4 と・と

「父」と「母」と私の3人だけで行きました。ほかの人はいません。

5 と

「だけ」と書いてあるので、ほかの運動はできません。「スキー」と「スケート」だけできます。

第3章

第1回 総合練習問題 pp.80-81

解答

1 ④　2 ①　3 ②　4 ②　5 ③
6 ②　7 ①　8 ④　9 ④　10 ②
11 ③　12 ③　13 ②　14 ④　15 ③
16 ②　17 ③　18 ③　19 ②　20 ①

解説

1 ④から
ある場所を離れるときの実際の動きに注目します。
(→ p.42)

2 ①から
方向を表します。
(→ p.50)

3 ②を
過ぎていく時間を表します。
(→ p.66)

4 ②に
変化したあとの結果の状態を表します。
(→ p.67)

5 ③で
空間でイベントがあります。
(→ p.26)

6 ②が
主語を表します。
(→ p.22)

7 ①に
ほかのところから来て、ある場所にくっつきます。
(→ p.34)

8 ④から
遠い原因を表します。
(→ p.73)

9 ④で
何かをするための手段です。
(→ p.62)

10 ②を
その場所を離れてほかの場所に行きます。
(→ p.30)

11 ③が
主語を表します。
(→ p.22)

12 ③まで
始まりから終わりの間、ずっと続いていることを表します。
(→ p.38)

13 ②より
比べる基準を表します。
(→ p.74)

14 ④に
当てはめる対象を表します。
(→ p.70)

15 ③で
空間で動きます。
(→ p.26)

16 ②と
あるものがほかのものと同じかどうかを表します。
(→ p.76)

17 ③に
割合の分母を表します。
(→ p.68)

18 ③の
後ろの名詞を説明します。
(→ p.64)

19 ②で
限定された範囲を表します。
(→ p.60)

20 ①に
ほかのところから来て、ある場所にくっつきます。
(→ p.34)

第2回 総合練習問題　pp.82-83

解答

1 ②	2 ③	3 ③	4 ④	5 ④
6 ④	7 ①	8 ③	9 ②	10 ④
11 ②	12 ①	13 ③	14 ②	15 ①
16 ③	17 ②	18 ④	19 ③	20 ④

解説

1 ②に
ある短い時間／瞬間の1点を表します。
(→ p.38)

2 ③は
わかっている情報を表します。
(→ p.18)

3 ③で
あることが起きた原因を表します。
(→ p.61)

4 ④の
後ろの名詞を説明します。
(→ p.64)

5 ④を
動作の対象を表します。
(→ p.22)

6 ④から
何かができるときの原料を表します。
(→ p.71)

7 ①で
限定された空間で動きます。
(→ p.26)

8 ③で
限定された範囲を表します。
(→ p.60)

9 ②を
その場所を離れてほかの場所に行きます。
(→ p.30)

10 ④と
話や考えなどの具体的な言葉・呼び方を表します。
(→ p.77)

11 ②で
何かをするための手段や道具を表します。
(→ p.62)

12 ①が
主語を表します。
(→ p.18)

13 ③から
何かを判断するときの元となる根拠を表します。
(→ p.72)

14 ②に
受け取る人を表します。
(→ p.50)

15 ① が

主語を表します。
(→ p.22)

16 ③ から

ある場所を離れるときの実際の動きに注目します。
(→ p.42)

17 ② を

過ぎていく時間を表します。
(→ p.66)

18 ④ へ

ある方向に向かいます。
(→ p.46)

19 ③ と

両方の人が同じ動作をします。
(→ p.54)

20 ④ で

限定された空間で動きます。
(→ p.30)

第3回 総合練習問題　pp.84-85

解答

1 ②	2 ①	3 ②	4 ④	5 ③
6 ②	7 ③	8 ④	9 ①	10 ③
11 ④	12 ②	13 ①	14 ④	15 ③
16 ②	17 ②	18 ③	19 ②	20 ①

解説

1 ② に

移動の目的を表します。
(→ p.69)

2 ① を

ある場所を離れます。
(→ p.34)

3 ② に

ある場所にくっついて動かないことを表します。
(→ p.26)

4 ④ の

前の言葉と後の言葉が同じことを表します。
(→ p.65)

5 ③ までに

始まりから終わりの間に、1度することを表します。
(→ p.38)

6 ② を

その場所を離れてほかの場所に行きます。
(→ p.30)

7 ③ で

あることが起きた原因を表します。
(→ p.61)

8 ④ と

両方の人が同じ動作をします。
(→ p.54)

9 ① に

ほかのところから来て、ある場所にくっつきます。
(→ p.34)

10 ③ に

与える人を表します。
(→ p.50)

11 ④ から

何かを作るときの原料を表します。
(→ p.71)

12 ②を
その場所を離れてもうそこにはいないことを表します。
(→ p.42)

13 ①が
主語を表します。
(→ p.22)

14 ④から
遠い原因を表します。
(→ p.73)

15 ③で
何かを作るときの材料を表します。
(→ p.63)

16 ②に
割合の分母を表します。
(→ p.68)

17 ②を
動作の対象を表します。
(→ p.22)

18 ③と
同じレベルのものを全部表します。
(→ p.75)

19 ②や
いくつかあるものから、例を表します。
(→ p.78)

20 ①が
新しいことを表します。
(→ p.18)

第4回 総合練習問題　pp.86-87

解答

1 ④	2 ③	3 ③	4 ②	5 ④
6 ②	7 ④	8 ③	9 ③	10 ②
11 ④	12 ①	13 ③	14 ②	15 ③
16 ②	17 ④	18 ④	19 ②	20 ④

解説

1 ④や
いくつかあるものから、例を表します。
(→ p.78)

2 ③に
当てはめる対象を表します。
(→ p.70)

3 ③から
何かを判断するときの元となる根拠を表します。
(→ p.72)

4 ②で
限定された範囲を表します。
(→ p.60)

5 ④と
あるものがほかのものと同じかどうかを表します。
(→ p.76)

6 ②に
受け取る人を表します。
(→ p.50)

7 ④で
限られた空間で動きます。
(→ p.30)

8 ③に
ほかのところから来て、ある場所にくっつきます。
(→ p.34)

9 ③で
あることが起きた原因を表します。
(→ p.61)

10 ②より
比べる基準を表します。
(→ p.74)

11 ④から
与える人を表します。
(→ p.50)

12 ①に
ある場所にくっついて動かないことを表します。
(→ p.26)

13 ③を
その場所を離れてほかの場所に行きます。
(→ p.30)

14 ②までに
始まりから終わりの間に、1度することを表します。
(→ p.38)

15 ③に
ある場所にくっついて動かないことを表します。
(→ p.26)

16 ②を
動作の対象を表します。
(→ p.22)

17 ④の
前の言葉と後の言葉が同じことを表します。
(→ p.65)

18 ④で
何かを作るときの材料を表します。
(→ p.63)

19 ②は
わかっている情報を表します。
(→ p.18)

20 ④に
ほかのところから来て、ある場所にくっつきます。
(→ p.34)